PIM VAN VLIET
JAN DE KONING

HIGH RETURNS FROM LOW RISK

PIM VAN VLIET
JAN DE KONING

HIGH RETURNS FROM LOW RISK

Der Weg zum eigenen stabilen Aktien-Portfolio

FBV

Bibliografische Information der Deutschen Nationalbibliothek:
Die Deutsche Nationalbibliothek verzeichnet diese Publikation in der Deutschen Nationalbibliografie. Detaillierte bibliografische Daten sind im Internet über http://dnb.d-nb.de abrufbar.

Für Fragen und Anregungen:
info@finanzbuchverlag.de

1. Auflage 2017

ein Imprint der Münchner Verlagsgruppe GmbH
Nymphenburger Straße 86
D-80636 München
Tel.: 089 651285-0
Fax: 089 652096

Übersetzung: Sascha Mattke
Korrektorat: Silvia Kinkel
Covergestaltung: Maria Wittek
Coverabbildung: Shutterstock/Urheberrecht: yyang; Shutterstock/Urheberrecht: KatarinaF
Satz: inpunkt[w]o, Haiger (www.inpunktwo.de)
Druck: GGP Media GmbH, Pößneck
Printed in Germany

ISBN Print 978-3-95972-020-5
ISBN E-Book (PDF) 978-3-96092-022-9
ISBN E-Book (EPUB, Mobi) 978-3-96092-023-6

Inhalt

Stimmen zum Buch

»Ich habe es geliebt, dieses Buch zu lesen. Es ist lehrreich, bescheiden, lustig und philosophisch – ziemlich seltene Eigenschaften für ein Finanzbuch. In der heutigen Welt, in der die Menschen immer mehr Verantwortung für ihre Ersparnisse übernehmen müssen, gibt dieses Buch mit seinen soliden und pragmatischen Empfehlungen eine Hilfestellung. Zudem enthält es eine unbequeme Wahrheit über Geldanlage, die mir selbst am Herzen liegt: Mehr Risiko bedeutet nicht unbedingt mehr Rendite. Die Grundlage für nachhaltige langfristige Renditen von Anlageportfolios liegt ganz im Gegenteil in solidem und proaktivem Risikomanagement.«
Fiona Frick, CEO Unigestion, Schweiz

»Das ›Low-Risk‹ Phänomen gehört für mich zu den faszinierendsten Renditemustern am Aktienmarkt. Denn es widerspricht vermeintlich fundamentalen Zusammenhängen: Höhere Gewinnchancen gehen nicht unbedingt mit höheren Risiken einher. Pim van Vliet hat das Renditemuster in den vergangenen mehr als zehn Jahren in einer Vielzahl von hochkarätigen Veröffentlichungen tiefgehend untersucht. Sein ganzes Wissen fasst er in diesem Buch leicht und unterhaltsam – und trotzdem tiefgehend – zusammen.«
Dr. Marc-Gregor Czaja, CFA, Global Head of Equities, Allianz Investment Management SE, Deutschland

»Die moderne Kapitalmarktforschung untersucht derzeit das faszinierende Rätsel, ob der Low-Risk Faktor mehr als eine Anomalie in einem Multi-Faktor CAPM darstellt. Es ist

daher ein sehr glücklicher Umstand, dass Pim van Vliet dieser Frage mit einer umfassenden und hoch qualitativen Analyse nachgeht, die er in diesem Buch publiziert.«
Dr. Andreas Beck, Gründer und Vorstandssprecher, Institut für Vermögensaufbau (IVA) AG, Deutschland

»Pim van Vliet greift in seinem Buch eine der bemerkenswertesten Anomalien heraus, die in den vergangenen Jahren an den Finanzmärkten zu beobachten war. Mit seiner profunden Analyse von Aktienportfolios, die auf Basis niedriger Volatilität konstruiert wurden und letztlich zu überlegenen Renditen führten, verlässt er die konventionelle akademische Welt und gewährt einen Blick auf die Märkte, wie er sonst nur Praktikern vorbehalten ist. Dabei gerät die theoretische Fundierung nie aus dem Blickfeld. Pim van Vliet gelingt es durch seinen unterhaltsamen und teilweise sogar amüsanten Stil, den Leser durch die verschiedensten Ebenen des Low-Risk-Paradoxons zu führen. Ein außerordentlich empfehlenswertes Buch für Praktiker und Akademiker gleichermaßen.«
Dr. Lars Edler, Co-Chief Investment Officer Sal. Oppenheim, Deutschland

»Der Low-Risk-Effekt – also das Phänomen, dass die Durchschnittsrendite von Aktien entgegen vielen bekannten Theorien offenbar nicht positiv mit den meisten Standard-Kennzahlen für Risiko zusammenhängt – ist eine der wichtigsten Anomalien der modernen Finanztheorie. Pim van Vliet gehört zu den Pionieren unter den Personen, die diesen Effekt untersucht und genutzt haben, um bessere Portfolios für Anleger zu realisieren. Jeder, der sich für systematische Aktienanlagestrategien interessiert, sollte dieses wichtige Buch sorgfältig lesen.«
Clifford S. Asness, Gründer, Managing Principal und Chief Investment Officer bei AQR Capital Management, USA

»Pim van Vliet ist ein Pionier darin, aus wissenschaftlichen Erkenntnissen über die Niedrigrisiko-Anomalie ein Anlageportfolio mit Milliarden an Volumen zu machen. Dieses Buch erklärt sein bedeutendes Werk auf eine klare und deutliche Weise. Es bringt Licht ins Dunkel der risikoarmen Geldanlage für jeden, der sich für das Investieren in Aktien interessiert, ohne dass Fachwissen über quantitative Finanzforschung benötigt wird. Das Buch ist definitiv lesenswert.«
Gerben de Zwart, Leiter Quantitative Equities, APG Asset Management, Niederlande

»Pim van Vliets Erfahrung als einer der Pioniere des Low Volatility Investing gibt ihm einzigartige Einblicke in eine der faszinierendsten Anomalien unserer Zeit. Die Vorstellung, dass Risiko, wenn man es richtig definiert, eine positive Rendite erbringt, gehört zu denjenigen, die noch tiefgründiger werden, wenn man erfährt, dass sie gar nicht stimmen. Es gibt kein kosmisches Risikokarma, das Menschen belohnt, wenn sie Risiken eingehen. Dieses Buch wird Ihnen dabei helfen, zu verstehen, welche Geldanlagen wirklich Risikoprämien generieren und welche Sie in Wirklichkeit Geld kosten.«
Eric Falkenstein, Autor von »The Missing Risk Premium: Why Low Volatility Investing Works«, USA

»Einem breiten Publikum eine Finanztheorie zu erklären, ist keine einfache Aufgabe. Dies gilt erst recht, wenn damit eine der ältesten und bekanntesten Anlagetheorien widerlegt wird – dass nämlich höhere Risiken höhere Renditen bedeuten. Pim van Vliet (und Jan de Koning) aber schaffen es mit diesem leicht zu lesenden und zugänglichen Buch, den Leser von ihrem Ansatz zu überzeugen. Nicht nur erklären sie das Konzept des risikoarmen Investierens, sie bieten Lesern auch eine ganze Reihe von Lektionen über Geldanlage (und sogar

das Leben an sich). Ich würde jedem Anleger empfehlen, dieses Buch zu lesen. Es wird vielleicht nicht jeden zu einem Niedrigrisiko-Anleger machen, doch mit Sicherheit liefert es wertvolle Einblicke in Fragen von Risiko und Rendite.«
Ronald van Genderen, CFA, Research-Analyst bei Morningstar, Niederlande

»Seit Dekaden ist bekannt, dass Aktien mit bestimmten Charakteristiken den Gesamtmarkt langfristig relativ zuverlässig schlagen. Dabei ist die Low-Risk-Anomalie aus Endanlegersicht besonders attraktiv, da mit entsprechendem Anlagefokus die mit Aktieninvestments verbundenen Kursschwankungen gedämpft werden können. Mit diesem Buch gelingt es den Autoren, ein komplexes Thema für jedermann verständlich darzustellen.«
Rüdiger Sälzle, Vorstand FondsConsult Research AG

»Pim van Vliet schafft es in seinem sehr lesenswerten Buch die vordergründig eher akademisch erscheinende Diskussion über Low-Vol-Strategien von der intellektuellen Ebene in die realen Portfolien von gleichermaßen institutionellen und privaten Anlegern in verständlicher Weise zu transportieren.«
Michael Gollits, CEO von der Heydt & Co. AG, Frankfurt

Vorwort zur deutschen Übersetzung

Aktien werden Anlegern gerne wegen der höheren Renditeaussichten empfohlen. Die meisten quälen sich aber mit Fragen wie »In welche Aktien soll ich investieren?« und vor allen Dingen »Wann soll ich investieren?«. Es graut einem doch geradezu davor, noch einmal eine große Pleite wie bei der Dotcom-Blase oder der Finanzmarktkrise 2008/09 zu erleben. Nein, einen vergleichbaren Niedergang wie bei der T-(Volks-)Aktie will man möglichst vermeiden. Gleichzeitig ist die Reue groß, wenn man den passenden Einstieg in den Aktienmarkt verpasst hat und das Tagesgeldkonto sehr spärliche Erträge abwirft. Angst und Gier üben eben einen großen Einfluss auf unser Denken und Handeln aus.

Die Finanzmarktforschung hat hierzu bereits einige Aufklärung geleistet. Sie zeigt uns, dass hektisches Handeln unnötige Kosten verursacht. Zudem ist der Versuch, den Markt richtig zu »timen«, mit erschreckender Regelmäßigkeit zum Scheitern verurteilt. Selbst professionell gemanagte Aktienfonds übertreffen ihre Benchmark (DAX 30, S&P 500, etc.) im Durchschnitt nicht. Erfolgreiche Fondsmanager wählen hingegen gezielt Aktien anhand von Kriterien wie »niedrigem Risiko« oder »günstiger Bewertung« aus.

Und genau darum geht es beim Investieren: An Anlageideen festhalten zu können, die auf Dauer funktionieren und nicht schon morgen wieder hinfällig sind. Das Vermeiden von Verlusten sollte dabei im Vordergrund stehen, bei gleichzeitigem Erhalt der Renditechancen.

In »High Returns from Low Risk« zeigt Dr. Pim van Vliet einen soliden, einfachen Weg auf, um mit einer systematischen Aktienanlage Vermögen aufzubauen. Seine Strategie ist keine Eintagsfliege, sondern eine Vorgehensweise, deren Erfolg sich über 80 Jahre hinweg nachweisen lässt. Es wird die meisten Leser wohl erstaunen, dass paradoxerweise risikoarme Aktien langfristig eine höhere Rendite als risikoreiche Aktien erzielen. Darüber hinaus erleidet die Low-Risk Strategie durchschnittlich deutlich geringere Verluste bei fallenden Aktienmärkten. Das ist besser für Ihre Nerven und Ihr Portfolio!

Eine vernünftige Anlagestrategie, die eine hohe Halbwertszeit hat, ist allerdings nur eine Seite der Medaille. Vielmehr braucht es auch die passende Einstellung, um die Idee zu verinnerlichen und an ihr festzuhalten. Es ist genau das, was Pim als den »größten Sieg von allen« beschreibt. Der Triumph über die eigene Ungeduld, die uns häufig um die verdiente Rendite bringt. Eine systematische Anlagestrategie lebt eben nicht nur von ihren Regeln, sondern auch von der Disziplin und der Geduld, ihr zu folgen.

Mein Denken und Handeln wurde durch Pims Philosophie des Investierens beeinflusst. So lege ich mittlerweile bewusst mehr Wert auf konstante Erträge anstatt auf den schnellen Gewinn. Aber am besten machen Sie sich Ihr eigenes Bild und begeben sich mit Pim auf eine Reise in die Welt des geduldigen Investierens. Unerwartet hohe Erträge trotz geringerem Risiko warten auf Sie!

Frankfurt am Main, November 2016
Dr. Bernhard Breloer

Einleitung

Dieses Buch erzählt eine Geschichte über den Aktienmarkt, die Ihre Wahrnehmung verändern wird. Die Geschichte handelt von einem Paradox, auf das ich vor vielen Jahren gestoßen bin und das mich noch heute verblüfft. Für Wirtschaftsprofessoren ist diese Geschichte eine »unbequeme Wahrheit«, denn sie tut nichts weniger, als ihre Modelle auf den Kopf zu stellen. Und sie ist eine ernüchternde Geschichte für professionelle Anleger, die das Geld von anderen Menschen verwalten. Außerdem ist sie auch eine persönliche Geschichte, die Sie zum Lächeln und zum Staunen bringen wird. Am wichtigsten aber: Die Geschichte in diesem Buch wird Ihnen dabei helfen, ein besserer Anleger zu werden, denn sie beschreibt, wie man mit Hilfe von wissenschaftlichen Erkenntnissen Gewinne machen kann. Sie ist das Äquivalent von »Die Schildkröte und der Hase« für den modernen Aktienmarkt: eine bemerkenswerte Fabel darüber, wie risikoarme Aktien (Schildkröte) solche mit hohem Risiko (Hase) schlagen.

Mein Ziel ist, Ihnen dieses Aktienmarkt-Paradox so zu erklären, wie ich es meinem Vater erklärt hätte – einem pensionierten Geschäftsmann, der durchaus Erfahrung mit dem Investieren an der Börse hat. Ein Finanzexperte ist er zwar nicht, aber ein intelligenter Mensch mit unternehmerischer Mentalität. Unserer Familie hat er beigebracht, klassische Werte wie Besonnenheit, Geduld und Hartnäckigkeit zu achten. Mit den Jahren habe ich festgestellt, dass es eine enge Verbindung zwischen diesen Prinzipien und erfolgreicher

Geldanlage gibt. Indem ich mich auf sie beziehe, möchte ich das Paradox auf verständliche Weise erklären. Wenn mein Vater diese Geschichte verstehen kann, sollte es auch Ihnen gelingen.

Meine Frau ist Chirurgin, und ihr Fachgebiet wurde durch den Ansatz der »evidenzbasierten Medizin« grundlegend verändert. Jede Tablette, die sie verschreibt, wird ausgiebig getestet und empirisch auf ihre Wirksamkeit überprüft. Sie werden sicher zustimmen, dass das sinnvoll ist, weil es direkte Bedeutung für unsere physische Gesundheit hat. Was unsere finanzielle Gesundheit angeht, sind wir jedoch noch nicht so weit fortgeschritten – wenn jemand Erfolg mit einer Geldanlage hat, lässt sich nicht so leicht sagen, ob das an bloßem Glück oder echtem Geschick liegt. Viele Anleger ziehen übereilt Schlussfolgerungen auf der Grundlage von zu wenigen statistischen Belegen. Zum Glück aber beginnt sich das zum Besseren zu verändern. Evidenzbasierte Geldanlage – also die Verwendung von gründlich getesteten Anlagetheorien für die Zusammenstellung von Portfolios – ist im Kommen. In diesem Buch werde ich diese wissenschaftliche Vorgehensweise für Investitionen am Aktienmarkt nutzen und Ihnen signifikante Ergebnisse präsentieren, die ihre Effektivität bis zurück ins Jahr 1929 belegen.

Jedoch geht es in diesem Buch nicht nur um Wissenschaft und ihre Anwendung. Tatsächlich beginnt es mit einem ungeduldigen und etwas eingebildeten Teenager, der sein Glück an der Börse versucht. Es ist die Geschichte eines jungen Akademikers, der auf ein riesiges, aber verwirrendes Anlageparadox stößt und diese Theorie aus der Wissenschaft später, als ambitionierter Anlagemanager, in eine Anlagestrategie mit einem Volumen von mehreren Milliarden übersetzt. Mit jedem weiteren Schritt seiner Entwicklung versteht er immer besser, warum risikoarme Aktien von den meisten Anlegern gemieden werden und wie dieses Verhalten die Existenz des Paradoxes erklärt.

In der Welt von heute kann man sich für die Sicherung der eigenen Bedürfnisse im Ruhestand immer weniger auf die Unterstützung des Staates verlassen. Also muss man selbst zu investieren beginnen. Aus diesem Grund verwaltet auch mein Vater sein eigenes Altersvorsorgeportfolio, und ich investiere für die Zukunft meiner drei Söhne. Ich hoffe, dass diese bemerkenswerte Geschichte über Risiko auch Ihnen dabei helfen kann, die Verantwortung für Ihr eigenes finanzielles Wohlergehen und das von anderen zu übernehmen.

Dies ist zugleich der Grund, warum es für mich, nachdem ich viele Fachaufsätze über dieses Thema geschrieben habe, jetzt an der Zeit ist, die Geschichte einem größeren Anlegerpublikum zu erzählen – Menschen wie meinem Vater und Ihnen. Also habe ich ein Buch über dieses große Paradox des Aktienmarktes geschrieben, das, so hoffe ich, einfach und leicht zu verstehen ist. Ich nutze meine Erfahrung als Forscher und Fondsmanager, um aus komplexen wissenschaftlichen Theorien eine einfache Anlagestrategie zu machen, die Sie direkt umsetzen können, um ihre finanzielle Zukunft zu gestalten. Diese Darstellung ist eine Geschichte, von der ich bei vielen Gelegenheiten Tausenden von Anlegern in Dutzenden Ländern berichtet habe. Aber sie ist auch meine persönliche Geschichte, die eine Reihe von persönlichen Anekdoten enthält. Ich hoffe, dass sie eine interessante Lektüre für Sie ist. Oh, und seien Sie nicht überrascht, wenn Sie dadurch eine andere Art von Anleger werden ... Lächeln Sie und staunen Sie einfach!

Rotterdam, Niederlande
Dr. Pim van Vliet

Mein Heimatland ist eines der reichsten und glücklichsten der Welt. Ein Nachteil für uns Niederländer liegt allerdings darin, dass unsere Namen oft schwierig auszusprechen sind. Meiner wird in etwa »van Fliet« ausgesprochen – als deutschsprachiger Leser hätten Sie sich das vielleicht denken können, aber international muss ich es immer wieder erklären. Der Hauptvorteil für uns Niederländer wiederum ist, dass unser Land durch Handel entstanden ist, sodass wir viele Sprachen sprechen und unterschiedliche Kulturen verstehen. Ich hoffe, dass dieses Buch von diesem niederländischen Vermächtnis profitieren kann und dass es eine Inspiration für Anleger rund um die Welt sein wird.

Kapitel 1: Das Gegenteil von dem, was man anstrebt

Schon als kleine Kinder lernen die meisten von uns, dass wir uns anstrengen müssen, wenn wir Erfolg haben wollen. Ob es um gute Noten in der Schule geht, darum, ein Fußballspiel zu gewinnen, oder vielleicht ums Abnehmen: Um etwas zu erreichen, müssen wir Arbeit investieren. Meistens gilt das gesunde Prinzip »ohne Fleiß kein Preis«.

Wie viel Fleiß aber müssen Sie wirklich zeigen? Die meisten Menschen glauben, dass es einen positiven Zusammenhang zwischen der Menge an Mühe, die sie für etwas aufwenden, und der Wahrscheinlichkeit gibt, dass sie Erfolg damit haben. Je mehr Mühe man sich gibt, desto wahrscheinlicher soll also der Erfolg sein. Aber stimmt das auch?

Nein. Denn es gibt da etwas, das als das Gesetz des sinkenden Grenzertrags bezeichnet wird. Lassen Sie mich das mit Beispielen aus der Welt des Sports erklären. Wenn Sie professionell Fußball spielen oder einen Marathon laufen wollen, müssen Sie trainieren. Sie müssen wirklich mehrere Male pro Woche mit dem Ball üben oder Ihre Laufschuhe anziehen, damit Ihre Muskeln stark genug werden. Doch die ersten 100 Stunden Training werden viel mehr Wirkung haben als die nächsten 100, und immer so weiter. Vielleicht kennen Sie diesen Effekt schon, weil er zugleich erklären könnte, warum es oft so viel Spaß macht, etwas Neues zu lernen: Am Anfang ist die Lernkurve ziemlich steil und beginnt dann erst langsam, flacher zu werden. Dies ist die Theorie des sinkenden Grenzertrags in der Praxis.

Außerdem ist es so: Wenn Sie bereits eine bestimmte Menge Mühe in etwas gesteckt haben, kann jede zusätzliche Mühe paradoxerweise genau das Gegenteil von dem bringen, was Sie anstreben. Wenn Sie zum Beispiel zu viel trainieren und keine regelmäßigen Pausen einlegen, kann das von Nachteil für Sie sein. Die Folge kann sein, dass das Gegenteil Ihres Ziels (zum Beispiel, einen kompletten Marathon zu schaffen) eintritt: Eine Verletzung könnte dafür sorgen, dass Sie bei dem Lauf oder einem Spiel erst gar nicht antreten können. Zu viel von einer Sache, selbst von einer guten, kann negative Folgen haben.

Oder nehmen wir die Menge an Salz, die Sie für die Zubereitung eines Essens verwenden. Ein wenig Salz kann den Geschmack verbessern, zu viel aber ruiniert ihn. Auch Vitamine sind gesund, werden aber schädlich, wenn man sie in zu großen Mengen zu sich nimmt. Und ein kleiner Rat für Junggesellen, die verzweifelt nach einer Partnerin suchen: Ja, sie sollten den ersten Schritt machen, um jemanden kennenzulernen, der Ihnen gefällt. Aber zu viel Aufmerksamkeit könnte die gegenteilige Wirkung haben und sie (oder ihn!) verschrecken. Abnehmen? Das kann sich nach einem guten Plan anhören, wenn Sie ein paar überschüssige Kilos loswerden müssen – aber eine übertriebene Diät kann in Magersucht enden. Ähnlich sieht es aus, wenn Sie vor Ihren Prüfungen übertrieben intensiv lernen und dann vollkommen erschöpft sind, wenn es losgeht.[1] Es ist fast unnötig zu sagen: Eine gute Nachtruhe vor einer Prüfung ist viel besser für Sie, als wenn sie die ganze Nacht hindurch lernen. Zu viel von etwas bringt oft mehr Schaden als Nutzen.

---

1 Dieses kontraproduktive Verhalten habe ich an Universitäten in den USA, Schweden und den Niederlanden beobachtet.

Im Leben sollten Sie deshalb stets versuchen, das Optimum zwischen zu viel und zu wenig zu finden. Um herauszubekommen, wo diese »goldene Mitte« liegt, brauchen Sie Lebenserfahrung. Der griechische Philosoph Aristoteles hat intensiv darüber geschrieben: Sie ist der wünschenswerte Kompromiss zwischen den zwei Extremen Übertreiben und Untertreiben. Die goldene Mitte liegt *nicht* genau in der Mitte von beidem, denn das hängt von den jeweiligen Umständen ab. Auch der chinesische Philosoph Konfuzius hat den Mittelweg gelehrt, und in Buddhismus, Judentum, Christentum und im Islam finden sich ebenfalls Erwähnungen der goldenen Mitte.

Und warum diese goldene Mitte? Warum führe ich diese alten Philosophen an? Warum konzentriere ich mich so auf die Tatsache, dass zu viel von etwas das Gegenteil der erwünschten Wirkung haben kann? Nun, ich möchte Sie mit dem Konzept eines Paradoxes vertraut machen. Als ein Paradox bezeichnet man alle Aussagen, Konzepte, etc., die in einem Widerspruch zu sich selbst stehen. Wahrscheinlich sind Sie mit dem Wort schon vertraut, denn in der Alltagssprache benutzen wir es, um Dinge wie Erstaunen oder Unglauben über etwas auszudrücken, das ungewöhnlich oder überraschend ist. Auch in der Welt der Geldanlage gibt es Paradoxe. Auf das vielleicht größte Paradox in der Anlagewelt bin ich sogar schon als Student gestoßen: Aktien mit niedrigem Risiko liefern hohe Renditen, während Aktien mit hohem Risiko niedrige Renditen erbringen. Das ist eine ziemlich überraschende und bemerkenswerte Erkenntnis.

Lassen Sie mich erklären, was daran bemerkenswert ist. Denken Sie einfach an die folgende »Anlegerweisheit«: Je mehr Risiko Sie eingehen, desto höher werden Ihre Renditen sein. Die meisten Aktienanleger, ob professionelle Vermögensverwalter wie Anlageberater und Hedgefonds-Manager oder »do it yourself«-Privatanleger, glauben an dieses Konzept von mehr Risiko, mehr Rendite. Aber stimmt es wirklich?

Viele dieser Anleger »greifen nach den Sternen«, wenn es darum geht, Geld für ihre Anlageportfolios zu verwalten. Sie wollen nicht weniger, als das nächste potenzielle Star-Unternehmen wie Apple, Google oder Tesla finden. Investitionen in solche aufregenden Aktien sind riskant, denn Sie können Ihr eingesetztes Geld verlieren, wenn sich der potenzielle neue Star als doch nicht so leuchtend erweist und vielleicht sogar pleitegeht.

Was aber ist, wenn Sie es wirklich schaffen, rechtzeitig das nächste Google oder Tesla zu finden, und sich der Kurs der Aktie vervierfacht? Na klar, dann würden Sie den ganzen Weg zur Bank über lachen – sie wüssten, dass Sie den Jackpot geknackt und sich einen Stern vom Himmel geholt haben. Und wie sieht es mit den weniger spannenden Aktien aus? Nun, viele Anleger sind der Meinung, dass sie mit langweiligen Papieren nicht sehr weit kommen werden. Schließlich heißt es doch, das niedriges Risiko auch niedrige Renditen bedeutet, oder? Kennen Sie irgendjemanden, der schnell reich geworden ist, indem er in eine langsam steigende Aktie mit niedrigem Risiko investiert hat?

Wenn ich Ihnen also sage, dass Aktien mit niedrigem Risiko Sie reich machen, während sie mit risikoreichen Aktien arm werden können, verstehe ich völlig, dass Sie zuerst in etwa so reagieren: »*Was hat der Typ, der das behauptet, geraucht?*« Ich bin gar nicht böse, wenn Sie so denken – immerhin bin ich in den Niederlanden geboren, aufgewachsen und lebe immer noch dort. Diese Aussage ist für jeden, der mit der allgemeinen Anlageweisheit »mehr Risiko bedeutet mehr Rendite« vertraut ist, kontraintuitiv. Wenn Sie also ein Buch über Geldanlage kaufen und in seinem ersten Kapitel das genaue Gegenteil dieser weithin akzeptierten Annahme lesen, ist durchaus nachvollziehbar, dass Sie die Glaubwürdigkeit seines Autors anzweifeln.

Und um ehrlich zu sein: Ich war selbst ein wenig verwirrt, als ich von diesem Anlageparadox erfuhr. Ich war damals noch im Grundstudium und stieß auf einen wissenschaftlichen Aufsatz, der zum ersten Mal das Paradox von Risiko und Rendite beschrieb. Später im Doktorandenstudium hatte ich reichlich Zeit, um diese faszinierende Studie aus den frühen 1970er Jahren noch einmal zu lesen und zu verdauen. Bei dieser Beschäftigung, die ich in den folgenden Kapiteln kurz beschreiben werde, konnte ich weitere Daten finden, die bestätigten, dass risikoarme Aktien risikoreiche schlagen. Nachdem ich meinen Doktortitel bekommen hatte, beschloss ich, diese gut getestete Theorie in der Praxis anzuwenden. Würde eine auf dem Paradox basierende Anlagestrategie wirklich auch in der realen Welt funktionieren?

Und ob sie das tat! Nach meinen Jahren an der Universität fing ich bei einer internationalen Anlagegesellschaft an, die Geld für institutionelle Anleger (wie Versicherungen, Stiftungen oder Pensionsfonds) und Privatanleger verwaltet. Robeco ist eine besonnen agierende Anlagefirma, die viele intelligente Forscher beschäftigt und deren Research-Wurzeln bis in die 1920er Jahre zurückreichen. Zwar hatte ich anfangs nicht vor, dort einen neuen Fonds aufzulegen, doch zwei Jahre nach meinem Einstieg bei Robeco taten wir genau das: Wir brachten einen Aktienfonds mit niedrigem Risiko auf den Markt.

Was mir in meinen ersten Monaten bei Robeco auffiel, war, wie das Konzept von Risiko in der Anlagebranche auf den Kopf gestellt wurde. An der Universität hatte ich mich viele Jahre über mit Risiko beschäftigt. Doch in der Branche verstand man darunter nicht etwa das direkte Verlieren von Geld, sondern eine schlechtere Wertentwicklung als bei einem Vergleichsindex (einer sogenannten Benchmark). Ich begann, zu verstehen, dass dieser Blick auf das Risiko falsch ist, dass er aber zugleich die Erklärung für das Anlageparadox sein könnte. Außerdem bekam ich das Gefühl, dass wir etwas dagegen unternehmen und unsere bestehenden und potenziellen Kunden von dieser Fehlwahrnehmung von Risiko überzeugen sollten. Und natürlich erklärten wir ihnen auch, wie sie davon profitieren könnten. Wir schafften es, viele Anleger zu überzeugen, und aus dem anfangs kleinen Fonds wurde eine Strategie mit mehr als 15 Milliarden Dollar an verwaltetem Vermögen von Anlegern aus aller Welt.

Vielleicht fragen Sie sich, warum ich mich entschieden habe, auch Ihnen von diesem Anlageparadox zu berichten. Schließlich könnte ich mich auch einfach darauf konzentrieren, den Fonds zu verwalten, und in meiner Freizeit Golf spielen. Nun, erstens wollte ich auch solche Menschen erreichen, die keine Finanzexperten sind. Ich habe viele Artikel in mehreren Fachzeitschriften geschrieben, und ich weiß, dass Anleger in ihrer Freizeit nicht unbedingt gern solche wissenschaftlichen Aufsätze lesen. Dieses einfach zu lesende Buch zu schreiben, ist also eine Chance für mich, einige faszinierende wissenschaftliche Erkenntnisse einem breiteren Publikum zugänglich zu machen. Zweitens macht es mir Spaß, komplexe Zusammenhänge auf einfache Weise zu erklären. Drittens bringe ich gern alte Weisheiten und klassische Tugenden mit der modernen Welt der Geldanlage zusammen. Mein ganzes Leben über habe ich immer wieder festgestellt, dass die Moralphilosophie, die uns lehrt, wie wir ein gutes Leben führen, auch bei der Geldanlage überraschend nützlich sein kann. Ein Buch ist ein viel besseres Medium, um diese Geschichte zu erzählen, als ein akademischer Aufsatz. Und der letzte Grund dafür, dass ich diese Herausforderung angegangen bin, ist, dass ich durch das Buch Zeit sparen werde: Wenn Leute mich nach meinem Beruf und meiner Arbeit als Fondsmanager fragen, kann ich sie einfach darauf verweisen. Aus all diesen Gründen also möchte ich mein Wissen weitergeben. Ich möchte zeigen, dass man, um eine gute Anlagerendite zu erzielen, ganz einfach Aktien mit niedrigem Risiko kaufen und sich von risikoreichen fernhalten kann. Und Golf spiele ich übrigens auch nicht ...

Ich gehe davon aus, dass ich Sie bis hierhin noch nicht überzeugt habe. Tatsächlich wäre ich ziemlich überrascht, wenn Sie mir an dieser Stelle schon glauben würden, dass Aktien mit niedrigem Risiko hohe Renditen für Sie versprechen. Eine skeptische Haltung hilft bei jedem Thema, sich mehr Wissen zu verschaffen, und um gängige Weisheiten in Frage zu stellen, braucht man einen kritischen Verstand. Laut dem britischen Philosophen Bertrand Russell liegt das größte Problem der Welt darin, dass sich Idioten und Fanatiker ihrer Sache immer so sicher sind, während kluge Menschen voller Zweifel stecken. Aus diesem Grund werde ich Ihnen in diesem Buch reichlich Belege dafür liefern, dass das Anlageparadox wirklich existiert. Und keine Sorge: Es wird eine leichte Lektüre sein. Im nächsten Kapitel möchte ich Ihnen zunächst von meiner ersten Erfahrung am Aktienmarkt berichten.

Kapitel 2: Herr Sparsam geht an die Börse

Wenn Sie Menschen, die mir in meiner Kindheit nahestanden, bitten würden, mich kurz zu beschreiben, würden sie wahrscheinlich so antworten: Herr Sparsam. Ich bin in einer großen christlichen Familie auf dem Land in den Niederlanden aufgewachsen. Ja, wir hatten Tulpen im Garten, aber wir trugen fast nie Holzschuhe, wie sie in den meisten Touristenläden in Amsterdam zu finden sind. Abgesehen von diesen Stereotypen war meine Familie wahrhaft niederländisch – gewitzt und geschäftstüchtig. Mein Vater war Miteigentümer eines familiengeführten Elektronikgeschäfts in unserem Dorf. Er brachte uns bei, dass man erst hart für sein Geld arbeiten und sich dann sehr sorgfältig um das kümmern muss, was man verdient hat.

Nun, glauben Sie mir, ich habe diese Lektion gelernt ... Wie glücklich war ich mit dem bisschen Taschengeld, das ich mit meiner Arbeit im Geschäft der Familie oder kleinen »Jobs« rund ums Haus verdient hatte! Fast jeden Tag zählte ich meine Ersparnisse und suchte nach Möglichkeiten, mein Sparschwein fetter zu machen. Außer auf höhere Einnahmen konzentrierte ich mich auch darauf, die Kosten zu senken: Je weniger Geld ich ausgab, desto mehr würde ich haben. Also setzte ich mich selbst auf eine Finanzdiät und versuchte nicht nur, so viel zu sparen, wie ich konnte, sondern auch geduldig zu sein und der Magie ihren Lauf zu lassen. Aber worin genau bestand diese Magie ...?

Schon früh in meinem Leben hatte ich von meinem Vater eine zweite Lektion gelernt, in diesem Fall über das achte Weltwunder, jedenfalls laut Albert Einstein. Und nein, damit meine ich nicht seine berühmte Relativitätstheorie, sondern die »Magie« des Zinseszins-Effekts. Die Mathematik dahinter ist einfach (ansonsten hätte ich sie in einem so jungen Alter auch niemals verstanden): Wenn man 100 Dollar auf ein Sparkonto einzahlt, das 10 Prozent Zinsen pro Jahr abwirft, hat man am Ende des ersten Jahres 110 Dollar. Im zweiten Jahr aber werden aus dieser Summe nicht nur 120 Dollar, sondern 121 Dollar (10 Prozent Zinsen auf 110 Dollar, was eine Rendite von 11 Dollar im zweiten Jahr bedeutet) ... Oder, mit anderen Worten (wie ich es mir als kleiner Junge überlegte): Die Magie der Zinseszinsen würde mir im zweiten Jahr einen kostenlosen Dollar einbringen. Für ein Kind, das jeden Tag ein paar Pennies sparte, war dieses »achte Weltwunder« wirklich reine Magie.

Eines Tages, ich war 14 Jahre alt, fand ich eine Möglichkeit, mein Geld sogar noch schneller zu vermehren. Damals, in den frühen 1990er Jahren, waren die Zinsen – gemessen an den heutigen Standards – relativ hoch. Für meine kleine Schatztruhe bekam ich eine Rendite von gewaltigen 6 Prozent pro Jahr. Dann sagte mir mein Vater, er habe etwas Geld in einen risikoarmen Rentenfonds investiert, der 8 Prozent Rendite pro Jahr abwirft. Ich war sofort überzeugt, denn das bedeutete, dass ich 2 zusätzliche Gulden (NLG) für jede 100 Gulden bekommen würde, die ich in den Fonds investierte.[2] Ich schlachtete mein Sparschwein (nicht buchstäblich) und steckte den Großteil meiner Ersparnisse in den Fonds. Dann verfolgte ich Tag für Tag dessen Kursentwicklung in der Zeitung und im Videotext.[3] Aber

2 Der niederländische Gulden war von 1378 bis 2002 die Währung der Niederlande und wurde dann vom Euro abgelöst.

3 Videotext ist ein textbasiertes Informationssystem aus den 1970er Jahren, das auf vielen Fernsehgeräten in Europa verfügbar ist (https://de.wikipedia.org/wiki/Teletext).

das war so langweilig! Der tägliche Kurs des Fonds bewegte sich kaum, und wenn doch, dann meist nur um etwa 10 Cent. Nach zwei Jahren hielt ich es nicht mehr aus. Ungeduldig entschied ich, mein Geld aus dem langweiligen Fonds abzuziehen und es stattdessen direkt in spannende Unternehmen mit hohem Aufwärtspotenzial zu investieren. Ich war der Meinung, ich müsse am Aktienmarkt aktiv werden statt am Anleihenmarkt.

Der Berater in meiner örtlichen Bank verstand meine Ungeduld und empfahl mir, entweder in einen Mischfonds zu investieren oder in einen Aktienfonds. Mir jedoch gefiel diese Idee aus drei Gründen nicht: Erstens wollte ich meine Aktien selbst auswählen, denn ich war der Meinung, dass ich ziemlich gut darin sein könnte und dadurch noch mehr lernen würde. Zweitens glaubte ich nicht an Diversifizierung, weil die meine Gewinnchancen verringern würde. Und drittens ist Investieren in Einzelaktien für einen Teenager natürlich viel aufregender.

Eines der ersten Unternehmen, in das ich investierte, war ein Hightech-Unternehmen, genauer gesagt, ein niederländischer Flugzeugbauer. Trotz des schicken Aussehens der Flugzeuge wurde seine Aktie nicht gerade in stratosphärischen Kurshöhen gehandelt. Ganz im Gegenteil sogar: Weil die Nachfrage nach diesen Flugzeugen zyklisch war und die Produktionskosten zu hoch waren, steckte das Unternehmen in Schwierigkeiten.[4] Die Turbulenzen, in die seine Bilanz geriet, führten letztlich dazu, dass der Aktienkurs auf ein sehr niedriges Niveau sackte.

Erstmals erschien er im Frühjahr 1994 auf meinem Radarschirm. Zu dieser Zeit war das Unternehmen noch ein renommierter und hoch angesehener Hersteller von mittelgroßen Flugzeugen hoher Qualität, die an Fluggesellschaften in aller

4 Sein Management gab der starken Deutschen Mark die Schuld an den hohen Produktionskosten, weil die niederländische Währung an die deutsche gebunden war.

Welt gingen. Im Jahr 1992 wurde ein Teil des Unternehmens an DASA verkauft, ein Luft- und Raumfahrt-Konglomerat aus Deutschland (und der Vorläufer des Airbus-Herstellers EADS). Zwar hatte der niederländische Flugzeughersteller mit kräftigem Gegenwind zu kämpfen, doch der deutsche DASA-Vorstandschef versicherte den Beschäftigten und Aktionären, dass sie sich wegen seiner Notlage keine Sorgen machen sollten. Ganz im Gegenteil: Bei einer Pressekonferenz versicherte er den Anwesenden in mit starkem deutschen Akzent durchsetztem Englisch, das Unternehmen sei sein »Love Baby« und werde sogar noch zusätzliche Fürsorge erhalten.

Da stand ich also: konfrontiert mit der Entscheidung, in dieses Stück niederländischer Luftfahrtgeschichte zu investieren, oder die Gelegenheit an mir vorbeiziehen zu lassen. Wegen der starken täglichen Kursschwankungen und der finanziell schwierigen Lage des Unternehmens machten Anleger zwar einen wilden Ritt mit, doch ich beschloss, selbst einen »Anteil« zu kaufen und legte mir eine große Zahl Aktien für 12 Gulden (ungefähr 7 Dollar) pro Stück zu. Ich war überzeugt, dass die Deutschen ihr niederländisches »Love Baby« niemals aufgeben würden. Daher ging ich davon aus, dass das Unternehmen früher oder später wieder Geld verdienen und sein Aktienkurs zurück in die Stratosphäre schießen würde.

Jeden Tag schaute ich mir die Kursbewegungen an und durchsuchte die Zeitung nach Neuigkeiten über das Unternehmen, um zu erfahren, wie es meinem Sorgenkind geht. Allerdings wurde diese Tätigkeit bald ziemlich unangenehm, denn das Unternehmen dachte gar nicht daran, wie Phönix aus der Asche zu steigen und wieder in die Stratosphäre zu fliegen. Stattdessen sackte der Aktienkurs den Rest des Jahres weiter ab. Als die Aktie nur noch 4 Gulden kostete, konnte ich die täglichen Qualen nicht mehr aushalten und beschloss, auszusteigen und alle meine Aktien zu verkaufen. Zwei Wochen später brachen sie endgültig ein, weil das Unternehmen Insolvenz anmelden musste. Noch zwei Jahre lang wurde die Aktie bei ungefähr 1 Gulden gehandelt, bevor sie dann ganz von der Börse verschwand. Sie möchten wissen, wie das Unternehmen hieß? Das verrät eigentlich schon alles, denn es hieß Fokker. Von wegen Namen sind Schall und Rauch ...

Obwohl ich schon bei 4 Gulden ausgestiegen war, hatte ich den Großteil meiner Ersparnisse verloren. Im Rückblick aber war diese traurige Erfahrung vielleicht mit das Beste, was mir passieren konnte. Warum? Weil sie mich mehrere Dinge lehrte, die man als Anleger an keiner Schule lernen kann.

Das Geld, das ich am Aktienmarkt verloren hatte, war jeden Cent wert. Es war die »Studiengebühr«, die ich zahlen musste, um ein guter Anleger zu werden. Weil ich diesen Fehler schon früh in meinem Leben machte, waren die Kosten relativ begrenzt (auch wenn sie mir damals enorm erschienen), aber die Erfahrung sollte ich mein ganzes Leben lang behalten. Ein paar von den Sachen, die ich daraus lernte:

Erstens, überschätze dich nicht selbst. Die Empfehlung meines Bankberaters, meine Investition über einen Fonds zu diversifizieren, war besonnen und weise. Einfach alles auf eine Karte zu setzen, ist schlicht nicht vernünftig, wie ein berühmter Nobelpreisträger schon vor langer Zeit bewiesen hat.[5] Als Teenager jedoch war ich der Meinung, dass ich schlauer sein würde als andere (und wahrscheinlich erfahrenere) Anleger. Diese Tendenz oder fehlgeleitete Neigung, sich selbst zu überschätzen, gehört zu den Denkfehlern bei der Entscheidungsfindung von Menschen, die in der wissenschaftlichen Literatur mit am

5 Harry Markowitz wurde im Jahr 1990 mit dem Nobelpreis ausgezeichnet. Sein grundlegender Fachaufsatz mit dem Titel »Portfolio Selection« erschien im Jahr 1952 in der Zeitschrift *The Journal of Finance*.

besten belegt sind.[6] Tatsächlich hängt die menschliche Neigung zur Selbstüberschätzung mit einem weiteren Denkfehler zusammen: mit unrealistischem Optimismus. Laut der Fachliteratur neigen Menschen, die darunter »leiden«, dazu, im Leben immer die positive Seite zu sehen. Die Anführungszeichen bei »leiden« benutze ich, weil dieser Denkfehler in Wirklichkeit nicht viel Schaden anrichtet und im Alltag sogar hilfreich sein kann.[7] Ein Optimist zu sein, macht Sie allgemein glücklicher und hat positive Auswirkungen auf Ihre Gesundheit. Aber wird man dadurch auch zu einem besseren Anleger? Leider nein. Wie wir gesehen haben, hat mein Optimismus bezüglich eines scheiternden Flugzeugherstellers mir zwar eine Menge Sorgen über seine Zukunftsaussichten erspart. Für den Gesamtwert meiner Ersparnisse aber war das nicht eben von Vorteil.

Sollten Sie als Anleger deshalb ständig unsicher über Ihre eigenen Fähigkeiten sein und jede Ihrer Entscheidungen anzweifeln? Nein, auch das wäre nicht die richtige Vorgehensweise. Um sich beim Kauf einer bestimmten Aktie, bei der Auswahl eines Fonds oder einem Engagement am breiten Markt zu entscheiden, müssen Sie zumindest ein gewisses Maß an Vertrauen in die Qualität Ihrer Anlagekompetenz haben. Ein Mangel an Vertrauen kann Sie lähmen, aber auch Selbstüberschätzung ist gefährlich. Was Sie brauchen, ist irgendetwas in der Mitte – weder zu viel noch zu wenig.

Zweitens: Die Kraft des Zinseszins-Effekts hat normalerweise eine positive Wirkung, doch er funktioniert in beiden Richtungen. Überlegen Sie: Wenn Sie bei einer einzelnen Transaktion

---

6 James Montier hat mehrere Bücher über Behavioral Finance geschrieben, in denen er sämtliche Denkfehler (die sogenannten »kognitiven Verzerrungen«) bei der Geldanlage beschreibt. Gut und einfach zu lesen ist Montiers »*The Little Book of Behavioral Investing*«.

7 Professor Daniel Kahneman, ein im Jahr 2002 mit dem Wirtschaftsnobelpreis ausgezeichneter Psychologe, hat einmal angemerkt: Von allen Denkfehlern hat unrealistischer Optimismus am häufigsten eine positive Wirkung, weil er dafür sorgt, dass Menschen gesund und widerstandsfähig bleiben.

50 Prozent Ihres Kapitals verlieren, müssen Sie Ihr verbliebenes Kapital verdoppeln, nur um wieder auf den Ausgangswert zu kommen. Die Aktie meines ehemaligen »Love Baby« Fokker ist von 12 auf 4 Gulden gefallen, was einer Rendite von minus 67 Prozent entspricht. Hier hat der Zinseszins-Effekt gegen mich gearbeitet, und ich hätte eine Rendite von 200 Prozent erreichen müssen, um den Verlust wieder wettzumachen. Wenn ich das, was nach meinem Flugzeug-Abenteuer noch übrig war, in einen breit diversifizierten Fonds gesteckt hätte, hätte das ewig gedauert. Sie können sich vielleicht vorstellen, dass ich als Teenager das Gefühl hatte, in dieser Situation festzustecken und zunächst daran dachte, noch mehr Risiken einzugehen, um meine Verluste auszugleichen. Der Verkauf beim Kurs von 4 Gulden mag schon schmerzhaft gewesen sein, aber wenn ich gezwungen gewesen wäre, später sogar bei 2 Gulden zu verkaufen, hätte ich Anlagegewinne von 500 Prozent gebraucht, um wieder auf Null zu kommen. Das wäre eine noch gewaltigere Herausforderung gewesen. Sie denken vielleicht, dass sich das Konzept »gewinnen, indem man nicht verliert« paradox anhört, doch bei der Anlage in Aktien ist es mit Sicherheit korrekt.

Drittens und am wichtigsten: Ich habe am eigenen Leib erfahren, dass Investieren mit hohem Risiko nicht automatisch zu hohen Renditen führt. Ich hatte ganz einfach Risiko mit Rendite verwechselt. Die aufregenden täglichen Schwankungen des Aktienkurses, die finanzielle Notlage und die scheinbar vorübergehende Verschlechterung der Geschäftsentwicklung bei dem Flugzeughersteller kamen mir sämtlich wie Einstiegsgelegenheiten vor.

Irgendwie war ich offenbar angezogen von dem Risiko, in diese konkrete Aktie zu investieren. Aber warum? Mein erstes Ziel war wahrscheinlich, Geld zu verdienen. Aber auch andere Motive dürften eine Rolle gespielt haben. Schließlich wäre es eine tolle Geschichte gewesen, wenn alles gut gelaufen und die Aktie wieder auf 30 Gulden (nicht ungewöhnlich für sie – auf diesem Niveau hatte sie in den frühen 1990er Jahren gestanden) gestiegen wäre. Eine Rendite von 200 Prozent und mehr zu erzielen, ist eine sehr schöne Geschichte für einen jungen Kerl. Auch die Vorstellung, klüger zu sein als der Rest des Marktes und die Renditen der meisten anderen Anleger weit zu übertreffen, war für einen ehrgeizigen Menschen wie mich attraktiv. Darüber hinaus hatte ich mich der Illusion hingegeben, ich würde mein Geld gar nicht wirklich aufs Spiel setzen, weil ich es ja nicht so bald brauchen würde. Mein zeitlicher Anlagehorizont war also lang, und ich hatte mir schlicht eingeredet, dadurch jedes Risiko ausgeschlossen zu haben. Wenn das Unternehmen noch ein paar Jahre lang in Schwierigkeiten gesteckt hätte, hätte mir das nicht viel ausgemacht, solange es irgendwann in der Zukunft wieder auf die Beine gekommen und ich als Anleger noch dabei gewesen wäre. Und nicht zuletzt: Muss man für hohe Renditen nicht hohe Risiken eingehen? Innerhalb dieses Denkmodells ist nicht schwer zu verstehen, dass ich mich im Jahr 1994 auf die aufregendste Anlagemöglichkeit gestürzt habe, die damals am niederländischen Aktienmarkt zu finden war.

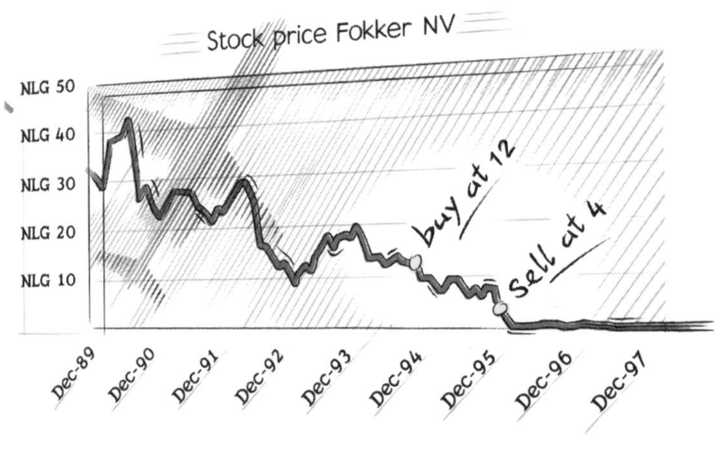

Abbildung 2.1: Aktienkursentwicklung von Fokker N.V. im Zeitraum 1989 bis 1997

Kapitel 3: Die Schildkröte schlägt den Hasen

Ich Dummerchen. Niemals hätte ich meinen wenig riskanten Rentenfonds für eine Einzelaktie namens Fokker aufgeben sollen. Der Fonds hätte mir eine gesunde und auskömmliche Rendite von mindestens 8 Prozent pro Jahr eingebracht. Wahrscheinlich hätte ich auch nicht so viel zittern müssen, denn seine tägliche Volatilität war ziemlich niedrig. Stattdessen erwies sich mein erstes Engagement in Aktien als ausgesprochen teure und wechselhafte Erfahrung.

Wechselhaft deshalb, weil der Aktienkurs von Fokker N.V. in den zwei Jahren, in denen ich dem Flugzeughersteller die Treue hielt, ziemlich volatil war. Schon vor meinem Einstieg im Jahr 1994 stand die Aktie in dem »Ruf«, ihre Anleger reichlich Turbulenzen auszusetzen. Wie Abbildung 2.1 zeigt, waren Schwankungen des Kurses um mehr als 20 Prozent pro Monat in dieser Zeit nicht ungewöhnlich. Nur ein Beispiel: Im Jahr 1989 stieg der Kurs innerhalb von wenigen Monaten von 22 Gulden auf mehr als 30 Gulden. Nach diesem steilen Anstieg fielen die Aktien um mehr als 30 Prozent, bevor sie dann bei 20 Gulden wieder einen Boden fanden. Diese Achterbahnfahrt wiederholte sich den ganzen Weg nach unten immer wieder, bis das Unternehmen schließlich pleite war. Fokker war also ein hervorragendes Beispiel für eine risikoreiche Aktie.

Aber was genau ist eine risikoreiche Aktie? Ist eine Aktie riskant, wenn die Zukunftsaussichten des Unternehmens dahinter hochgradig unsicher sind? Ja. Ist Risiko das Gleiche wie Unsicherheit? Nein. Risiko ist Unsicherheit, die in eine Zahl gefasst wurde, und quantifiziert verschiedene Szenarien, die in Zukunft eintreten könnten. Elroy Dimson, ein Finanzprofessor an der London Business School, hat es so formuliert: Risiko bedeutet, dass mehr Dinge passieren können, als tatsächlich passieren werden.

Im Zusammenhang mit Geldanlage steht Risiko für die potenziell negativen Szenarien, bei denen das eingesetzte Kapitel ganz oder teilweise verloren geht. Ein mächtiger Indikator für das Finanzrisiko ist die *Volatilität*, denn sie gibt die Preisschwankungen einer Investition in einer standardisierten Form wieder.[8] Die Volatilität ist im Zeitverlauf relativ stabil.[9] Mit anderen Worten: Eine Aktie, die sich aktuell durch wenig Volatilität auszeichnet, dürfte auch in Zukunft eine Aktie mit niedriger Volatilität bleiben. Dasselbe gilt umgekehrt für Aktien mit hoher Volatilität.

Fokker war ein Musterbeispiel für eine Aktie mit hoher Volatilität – die Achterbahnfahrt wiederholte sich auf dem Weg nach unten immer wieder, bis das Unternehmen pleite war. Im Rückblick war die hohe Volatilität von Fokker ein guter Indikator für zukünftige Unsicherheit und Risiko. Wenn ich damals gewusst

8 Unsicherheit, Risiko und Volatilität sind nicht dasselbe. Im Jahr 1921 schrieb der Ökonom Frank Knight, dass sich Risiko messen lässt, Unsicherheit aber nicht. In seinem bekannten Buch *Against the Gods* hat der Finanzhistoriker Peter L. Bernstein die Geschichte des Risikos beschrieben. Nassim Taleb baute diese Darstellung weiter aus und führte das Konzept der »schwarzen Schwäne« ein, laut dem unerwartete Ereignisse enorme Auswirkungen haben können. Taleb steht dem übermäßigen Vertrauen in statistische Risikokennzahlen wie Volatilität skeptisch gegenüber und bringt sie in Zusammenhang mit der Finanzkrise. Er hat wahrscheinlich Recht: Zu viel Vertrauen in statistische Risikokennzahlen kann mehr Schaden als Nutzen bringen.

9 Den Professoren Robert F. Engle und Clive Granger wurde im Jahr 2003 der Nobelpreis in Wirtschaftswissenschaften verliehen, weil sie diesen Zusammenhang belegt hatten.

hätte, dass Volatilität eine Insolvenz mit am besten voraussagt, hätte ich diese Aktie als Teenager erst gar nicht gekauft.

Auch das Risiko einer ganzen Gruppe von Anlagemöglichkeiten oder -klassen wie Anleihen, Aktien oder Immobilien insgesamt lässt sich einschätzen, indem man die Volatilität ihrer Renditen untersucht. Weil Volatilität ein standardisierter Indikator für Finanzrisiken ist, kann man auf diese Weise die Volatilität eines Rentenfonds (wahrscheinlich niedrig) mit der eines Mischfonds (wahrscheinlich höher) oder der eines Aktienfonds (wahrscheinlich die höchste von allen) vergleichen.

Ebenso kann man aber den Risikograd der unterschiedlichen Anlagemöglichkeiten innerhalb solcher Klassen vergleichen. Zum Beispiel lässt sich das Risiko jeder einzelnen Aktie, die an der US-Börse gehandelt wird, bestimmen, indem man die historische Volatilität ihrer Rendite analysiert. Das mag sich kompliziert und zeitraubend anhören, doch man braucht dafür nichts weiter als ein einfaches Tabellen-Programm (zum Beispiel Microsoft Excel) und die Schlusskurse der Aktien, die man vergleichen möchte. Die Software berechnet dann anhand der jeweiligen historischen Volatilität, wie viel Risiko jede der Aktien mit sich bringt. Nachdem man auf diese Weise das Risiko aller Aktien berechnet hat, kann man sie in eine Rangfolge von sehr risikoarm bis sehr risikoreich bringen.

Meine persönliche Anlageerfahrung mit Fokker war natürlich nur eine einzelne Anekdote. Vielleicht denken Sie jetzt: »*Okay, schade für Sie, aber war das nicht einfach ein Fall, in dem ein verfaulter Apfel den ganzen Korb ruiniert hat? Vielleicht hätten Sie mehrere risikoreiche Aktien wie Fokker kaufen sollen, um ein breit diversifiziertes Portfolio zu bekommen.*« Bevor ich darauf eingehe, möchte ich Ihnen eine Frage stellen: Wie lässt sich herausfinden, ob man ein Portfolio lieber mit risikoarmen oder mit risikoreichen Aktien zusammenstellen sollte?

Lassen Sie mich ein paar Hinweise dazu geben. Im Wesentlichen existieren zwei Ansätze, um herauszufinden, welche Gruppe von Aktien (risikoarme oder risikoreiche) die besten Renditen bieten. Der erste ist der »do it yourself«-Ansatz, bei dem man riesige Mengen an historischen Daten zum Aktienmarkt berechnet und analysiert. Anhand dieser Erkenntnisse kann man dann eine grundlegende Theorie entwickeln, um die Zusammenhänge zwischen all den analysierten Daten zu beschreiben. Der zweite Ansatz funktioniert genau andersherum: Man beginnt mit einer gut bekannten Theorie über ein bestimmtes Thema und nutzt diese als Grundlage für die Entscheidung, welche Aktien man kaufen sollte. Hier kommt man also von der Theorie zur Praxis.

Vielleicht fragen Sie sich, welcher dieser Ansätze der beste ist: der »praktische« Do-it-Yourself-Ansatz oder der »theoretische«. Weil mehr als nur ein Weg nach Rom führt, bieten vielleicht beide Ansätze die richtige Antwort. Tatsächlich könnte man annehmen, dass alle Theorien dazu von seriösen Akademikern so gut untersucht und getestet wurden, dass Sie wahrscheinlich zum selben Ergebnis kommen würden, wenn Sie sich (mit eine bisschen Hilfe von einer Tabellenkalkulation) die Mühe machen würden, all die Daten selbst durchzurechnen. Das würden Sie doch erwarten, oder?

Beginnen wir mit dem »do it yourself«-Ansatz. Ich habe solche Berechnungen im Lauf meines Berufslebens schon viele Male vorgenommen, und Sie haben vielleicht keine Lust, Ihre Zeit mit langen Datenanalysen zu verbringen. Insofern sollten wir hier vielleicht lieber von dem »Machen *Sie* das mal lieber für mich«-Ansatz sprechen. Damit habe ich kein Problem. Lassen Sie mich also erzählen, wie ich die Daten analysiert habe, bevor ich Ihnen von den Ergebnissen berichte.

Wo fängt man damit an? Als Allererstes braucht man, um zuverlässige Ergebnisse zu bekommen und Schlüsse daraus ziehen zu können, zuverlässige Daten. Für die folgende Analyse konnte ich eine ziemlich praktische Datensammlung nutzen, die alle monatlichen Schlusskurse von in den USA gehandelten Aktien im Zeitraum Januar 1926 bis Dezember 2014 enthält. Mit anderen Worten: Um herauszufinden, ob man lieber risikoarme oder risikoreiche Aktien kaufen sollte, stehen uns Daten über einen Zeitraum von mehr als 80 Jahren zur Verfügung. Wie hilfreich eine solch lange Zeitreihe ist, lässt sich kaum überschätzen: Sie gibt uns die Möglichkeit, zu testen, wie sich diese Gruppen von Aktien in der Großen Depression der 1930er Jahre, im Zweiten Weltkrieg, in den Fünfzigern, in den Swinging Sixties sowie in mehreren Rezessionen und Börsenbooms wie der Dotcom-Blase in den 1990er Jahren entwickelt haben.

Tatsächlich bekommt man mit einer Datensammlung, die mehr als zehn Jahre zurückreicht, reichlich statistische Aussagekraft: Jedes daraus abgeleitete Ergebnis ist mit sehr hoher Wahrscheinlichkeit nicht etwa die Folge von bloßem Zufall oder vorübergehenden Effekten, die irgendwann in der Zukunft ihre Relevanz verlieren könnten. Die Beobachtungen sind also robust. Ich würde sogar noch einen Schritt weiter gehen: Jedem Anleger, der behauptet, irgendeine besondere Anlagemethode oder systematische Strategie gefunden zu haben, die nicht auf Daten aus mindestens mehreren Jahrzehnten basiert, sollten Sie mit großer Skepsis begegnen. Ich will damit nicht sagen, dass solche Ergebnisse unbedingt unwahr oder falsch sein müssen. Aber wenn es um Datensammlungen und Zeiträume für eine Rückschau geht, ist »größer und länger« wirklich besser.

Eine umfangreiche Datensammlung zu haben, ist sicher gut. Aber eine Möglichkeit zu haben, risikoarme oder risikoreiche Aktienportfolios auf intuitive und realistische Weise zusammenzustellen, ist sogar noch besser. Wie fängt man also damit an? Beschäftigen wir uns als Erstes mit der Zahl der Aktien.

Um es nicht zu kompliziert zu machen, habe ich beschlossen, mich auf die 1000 nach Marktkapitalisierung größten Unternehmen zu beschränken und Penny-Stocks (Aktien von kleinen Unternehmen, die zu niedrigen Kursen, also unter 1 Dollar, gehandelt werden) auszuschließen. Indem wir uns zu jedem Zeitpunkt auf die 1000 jeweils größten Aktien konzentrieren, sorgen wir dafür, dass wir zu keinem Zeitpunkt in illiquide Aktien investieren. Im letzten Monat unserer Analyse zum Beispiel (Dezember 2014) hatte das »kleinste« Unternehmen eine Marktkapitalisierung von 6 Milliarden Dollar.

Für jede dieser 1000 Aktien habe ich dann die historische Volatilität der monatlichen Rendite in den zurückliegenden drei Jahren ermittelt. Zum 1. Januar 1929 habe ich also die historische Volatilität der 1000 Aktien im Zeitraum von Januar 1926 bis Dezember 1928 berechnet. Zum Stichtag Neujahr 1929 konnte ich auf diese Weise anhand ihrer Volatilität nicht nur das Risiko all dieser Unternehmen berechnen, sondern sie auch in eine Rangfolge nach ihrem Risiko bringen. Genau das habe ich getan (im Jahr 2015 an meinem Computer ...). Nachdem ich allen Unternehmen einen Rang zugewiesen hatte, habe ich zwei Portfolios auf die einfachste Weise erstellt, die man sich nur denken kann: Eines enthielt die 100 Aktien mit dem niedrigsten Risiko (das Portfolio mit niedriger Volatilität), das andere die Aktien mit dem höchsten Risiko (das Portfolio mit hoher Volatilität).

Die bisherigen Schritte kurz zusammengefasst: Ich habe mich auf die 1000 größten am US-Aktienmarkt notierten Unternehmen konzentriert, ihre historische Volatilität analysiert und sie in eine Rangfolge von risikoarm bis risikoreich gebracht. Auf dieser Grundlage habe ich dann zwei unterschiedliche Portfolios zusammengestellt. Und was kommt als Nächstes?

Nun, normalerweise werden Portfolios konstruiert, um Renditen zu erzielen, und bei unseren Portfolios ist das Ziel genau dasselbe. Meine zwei Portfolios von Neujahr 1929 liefern so lange Renditen, bis wir die Aktien verkaufen, und um herauszufinden, welches die besseren Ergebnisse bringt, können wir ihre Renditen bestimmen. Trotzdem müssen wir aber noch häufig überprüfen, ob die einzelnen Aktien in den Portfolios immer noch dort hineingehören. Lassen Sie mich das erklären.

Gekauft haben wir die Aktien, weil sie zufälligerweise die niedrigste oder höchste Volatilität all der 1000 Aktien hatten, die wir zu einem bestimmten Stichtag in eine Rangliste gebracht haben. Das Risiko bleibt im Zeitverlauf zwar ziemlich stabil, aber trotzdem kann aus einer Aktie mit niedriger Volatilität eine mit hoher Volatilität werden und umgekehrt. Deswegen nehmen wir 100 Aktien ins Portfolio statt nur einer einzigen. Manchmal spielen sich solche Veränderungen langsam ab, manchmal aber auch schnell, weil auch bei einer Aktie mit niedriger Volatilität eine Notlage auftreten kann, zum Beispiel wenn Betrugsvorwürfe gegen das Management erhoben werden. Als Folge davon muss man beide Portfolios immer wieder neu ausrichten, um sicherzustellen, dass sie weiterhin zu jedem Zeitpunkt die 100 Aktien mit der niedrigsten oder der höchsten Volatilität enthalten. Bei meinen Berechnungen und Simulationen habe ich das berücksichtigt und die Portfolios jedes Quartal neu zusammengestellt. Wenn eine Aktie in einem der Portfolios dort nicht mehr hineingehörte, habe ich diese Position verkauft und durch eine neue Aktie ersetzt.

Sie wollen wissen, was bei diesen Bemühungen herausgekommen ist? War Fokker nur ein schlechtes Beispiel? Liefern 100 risikoreiche Aktien hohe Renditen und 100 risikoarme niedrige? Nun ... An dieser Stelle bitte einen kleinen Trommelwirbel ...

Die Grafik in Abbildung 3.1 zeigt die Entwicklung der beiden Portfolios unter der Annahme, dass wir an Neujahr 1929 jeweils

100 Dollar in sie investiert und jegliche Erträge die 86 Jahre bis Neujahr 2015 über stets reinvestiert haben.

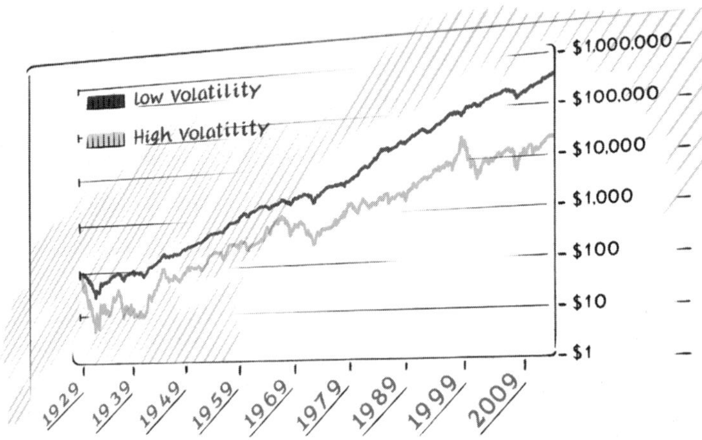

Abbildung 3.1: Aktien mit geringer Volatilität schlagen Aktien mit hoher Volatilität um mehr als den Faktor 18

Wie Sie sehen ... Moment – warten Sie eine Minute und holen Sie ganz tief Luft! Das »Gewinner«-Portfolio ist mit einem Endwert von 395.000 Dollar das Portfolio mit der niedrigen Volatilität, während das Portfolio mit hoher Volatilität bis zum Schlusstag nur auf 21.000 Dollar kommt.

Schauen wir uns die Grafik jetzt etwas genauer an. Es ist in Ordnung, es laut zu sagen – und nein, ich habe nicht die Bezeichnungen vertauscht, und Sie sind auch nicht verrückt geworden. In dem Zeitraum von 86 Jahren lag die durchschnittliche Jahresrendite der risikoarmen Aktien bei 10,2 Prozent, bei den risikoreichen Aktien erreichte sie nur 6,4 Prozent. Mir ist klar, dass das ziemlich verwirrend für Sie sein könnte, weil dieses Ergebnis im Prinzip alle Ihre Vorurteile vernichten dürfte. Es zerstört alles, was Sie lernen, wenn Sie Finanzlehrbücher lesen, einen Grundkurs in Finanzen belegen oder sogar eine Doktorarbeit über Risiko und Rendite schreiben (wie ich es getan habe). Uns wird beigebracht, zu glauben, dass hohes Risiko hohe Renditen erbringt. Die Grafik aber beweist, dass unsere gängige Vorstellung in Bezug auf Risiko und Rendite bei der Geldanlage vollkommen falsch ist. Ein ziemliches Paradox, oder?

Tatsächlich ist das so verwirrend, dass Wissenschaftler ein eigenes Fachwort dafür haben: Anomalie. Es stammt aus dem Griechischen und bringt unsere absolute Verwunderung über folgende empirische Tatsache zum Ausdruck: Risikoreiche Aktien erbringen *niedrigere* Renditen, obwohl es laut all den Lehrbüchern genau anders sein »sollte«. Müssen wir uns vielleicht eine neue Theorie ausdenken? Das alles ist sehr verwirrend.

Der Unterschied von 3,8 Prozent bei den jährlichen Renditen (mit weniger Volatilität) bedeutet, dass in dem Zeitraum von 86 Jahren aus unseren 100 Dollar nicht 21.000 Dollar werden, sondern 395.000 Dollar. Risikoarme Aktien machen Sie also viel reicher als risikoreiche. Um genau zu sein: Sie hätten Sie mehr als 18-mal so reich gemacht. Ich habe es Ihnen ja gesagt, der Zinseszins-Effekt ist magisch!

Das Portfolio mit niedriger Volatilität hat das mit hoher Volatilität weit hinter sich gelassen und Ihnen gleichzeitig eine viel ruhigere »Reise zum Reichtum« beschert, während das Portfolio mit hoher Volatilität eine Achterbahnfahrt war. Während der Großen Depression in den 1930er Jahren wären auch Sie damit fast garantiert deprimiert gewesen, weil Ihre anfänglichen 100 Dollar durch den Börsencrash mehr als 90 Prozent ihres Werts verloren. Und wenn Sie es geschafft hätten, das emotional zu überstehen, hätten sie während des Bärenmarktes in den 1970er Jahren erneut heftigen Gegenwind abbekommen, der Verluste von fast 80 Prozent mit sich brachte. Und nach dem Platzen der Dotcom-Blase? Das war ein anderes Zeitalter, doch das Ergebnis war fast dasselbe: ein Verlust von mehr als 80 Prozent. Wenn man sich diese Zahlen anschaut, wird klar, dass das Portfolio mit hoher Volatilität Ihnen reichlich Bluthochdruck und schlaflose Nächte eingebracht hätte ...

Was die Grafik in Abbildung 3.1 eigentlich zeigt: Das Portfolio mit niedriger Volatilität gewinnt deshalb, weil es in schwierigen Zeiten weniger Verluste erleidet. Ein skeptischer Mensch – und ich hoffe, dass Sie einer sind – könnte jetzt argumentieren, es sei kein Wunder, dass sich das Portfolio mit niedriger Volatilität besser entwickelt als das mit hoher Volatilität, wenn die Messung der Performance so kurz vor der Großen Depression beginnt. Ich bin derselben Meinung. Schließlich wäre das Portfolio mit hoher Volatilität nur noch etwas mehr als 5 Dollar wert gewesen, als der Markt im Frühjahr 1932 einen Boden fand, während das Portfolio mit niedriger Volatilität immer noch gut 30 Dollar wert war. Trotzdem war der Grund dafür, dass das Portfolio mit niedriger Volatilität besser abschnitt, nicht nur der Crash von 1929 bis 1932: Auch wenn wir die Betrachtung beider Portfolios im Frühjahr 1932 beginnen würden, würde das Portfolio mit niedriger Volatilität immer noch mit sehr großem Abstand »gewinnen«.

Die Ergebnisse unseres »praktischen« Ansatzes sind also ziemlich viel versprechend, aber trotzdem haben wir uns damit ein Problem eingehandelt – ein echtes Problem, oder für manche vielleicht auch eine unbequeme Wahrheit. Es besteht darin, dass unsere Ergebnisse laut dem theoretischen Ansatz und der gängigen Meinung unter Anlegern gar nicht stimmen können. Trotz des empirischen Beweises, dass Geldanlage mit niedriger Volatilität besser funktioniert als Geldanlage mit hoher Volatilität, wollen die meisten Menschen immer noch glauben, dass risikoreiche Aktien höhere Renditen liefern als risikoarme.

Die Aktien mit dem höchsten Risiko zu kaufen, bringt Ihnen nicht die höchste Rendite – tatsächlich scheint es genau andersherum zu sein. Wie Sie in Kapitel 16 nachlesen können, ist dieses Anlageparadox fast überall zu finden, wo man danach sucht. Das wird Sie wirklich ins Grübeln bringen. Was aber sollen wir mit der jeder Intuition widersprechenden Erkenntnis anfangen, dass hohes Risiko niedrige Renditen und niedriges Risiko hohe Renditen bedeutet? Sollten wir die Theorie anpassen, sodass sie zu den Daten passt, oder sollten wir die Daten anpassen, um die Theorie zu bestätigen? Nun, wir können die Geschichte ebenso wenig neu schreiben wie historische Aktienkurse, also dürfte es am besten sein, die Theorie zu verändern. Jedoch ist es eine ziemliche Herausforderung, die wahrgenommene Beziehung zwischen Risiko und Rendite bei allen Anlegern weltweit zu verändern, denn dafür müssen eine Menge Menschen überzeugt werden.

Vielleicht kann eine Geschichte dabei helfen. Manche von Ihnen kennen wahrscheinlich die Fabel von der Schildkröte und dem Hasen: Die Schildkröte bewegt sich langsam und stetig vorwärts, während der Hase schnell ist, aber unterwegs ein Nickerchen macht, sodass die Schildkröte vor ihm am Ziel ist. Das ist nicht das Ergebnis, das Sie erwarten würden – langsam und stetig schlägt schnell und volatil (vgl. Abbildung 3.2). Diese alte Geschichte zeigt, wie die Tugend der Beständigkeit das Laster der Selbstüberschätzung schlägt. Die stetigen »Schildkröten-Aktien« schlagen die schnellen »Hasen-Aktien«.[10] Die Moral dieser Geschichte? Man sollte nie den Wert von Beweisen durch empirische Fakten im Vergleich zu einer Theorie

10 Auch die Griechen haben schon über ein Schildkröten-Rennen philosophiert. In einer Geschichte überzeugt eine Schildkröte Achilles, dass sie ein Rennen gegen ihn gewinnen wird, wenn sie nur einen Vorsprung von zum Beispiel 100 Metern bekommt. Dabei macht sie sich ein Paradox zunutze: Sie argumentiert, dass selbst der schnellste Läufer den langsamsten nie überholen kann, weil der Verfolger immer erst einmal den Punkt erreichen muss, an dem der Verfolgte gestartet ist; der Verfolgte wird deshalb immer einen kleinen Vorsprung behalten, obwohl er langsamer ist. Dies ist das Zenon'sche Paradox der unendlich teilbaren Entfernung.

unterschätzen, auch wenn sie noch so überzeugend klingt. Und dies wird nicht das letzte Mal gewesen sein, dass wir in diesem Buch der Schildkröte und dem Hasen begegnen ...

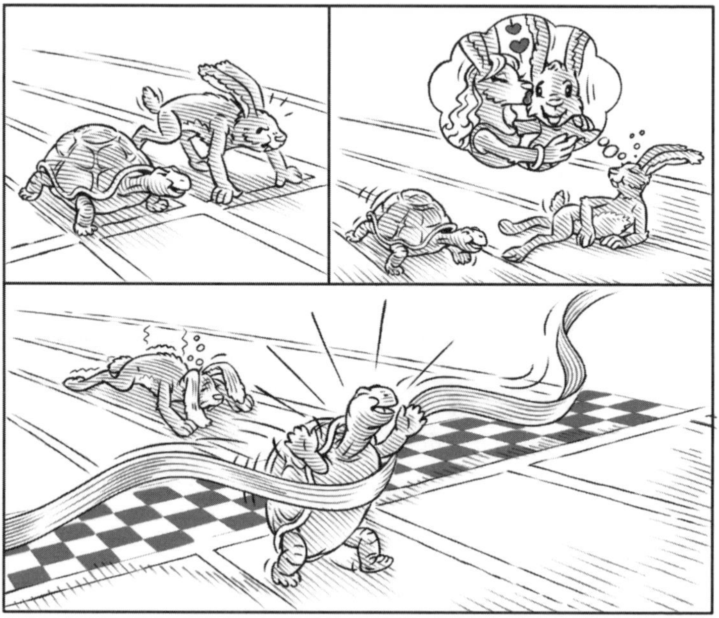

Abbildung 3.2: Die Schildkröte schlägt den Hasen

Kapitel 4: Ein kleines bisschen ist genug

Soeben haben Sie das Anlageparadox in Aktion gesehen: Risikoarme Aktien schlagen risikoreiche Aktien. Eingehende historische Analysen zeigen, dass eine Investition in ein risikoarmes Portfolio weitaus (bis zu 20-fach) bessere Ergebnisse bringt als eine Investition in ein risikoreiches Portfolio. Oh, und vergessen wir nicht: Mit diesem Portfolio mit niedriger Volatilität können Sie nachts sogar gut schlafen, weil die höhere Rendite mit niedrigerem Risiko einhergeht. Klingt fast zu schön, um wahr zu sein, oder? Das gilt umso mehr, als es die gut bekannte Theorie über den Zusammenhang zwischen Risiko und Rendite widerlegt.

Aber sollten Sie nur wegen einer einzigen Grafik mit zwei Portfolios diesen Teil Ihres Anlegerhirns sofort löschen und stattdessen diese neue Erkenntnis über Risiko und Rendite dort speichern? Lieber nicht. Ich bin zwar ziemlich sicher, dass Sie Ihre Meinung über Risiko und Rendite ändern werden, wenn Sie dieses Buch durchgelesen haben. Trotzdem ist es wahrscheinlich besser, diese Erkenntnisse intensiv kritisch zu überprüfen (eine freundlichere Formulierung als »in der Luft zerreißen«), bevor Sie sich dazu entschließen. Konzentrieren wir uns also noch einmal auf die im vorherigen Kapitel angeführten Belege.

Die beiden Portfolios, die wir uns angesehen haben, waren hinsichtlich Risiko und Rendite über den Zeitraum von 86 Jahren ziemlich unterschiedlich. Die Rendite des Portfolios mit niedriger Volatilität betrug 10,2 Prozent pro Jahr, das Portfolio mit der hohen Volatilität lieferte eine jährliche Rendite von 6,4 Prozent. Bislang haben wir das Ausmaß der Volatilität in beiden Portfolios noch nicht exakt quantifiziert, sondern nur von niedriger und hoher Volatilität gesprochen. Also bitte sehr: Die annualisierte Volatilität des Portfolios mit niedriger Volatilität betrug 13 Prozent, die des Portfolios mit hoher Volatilität 36 Prozent.[11] Das zweite Portfolio ist also 2,5-mal so risikoreich wie das erste. Um diese Zahlen zu veranschaulichen, habe ich diese Datenpunkte in die Grafik in Abbildung 4.1 eingetragen.

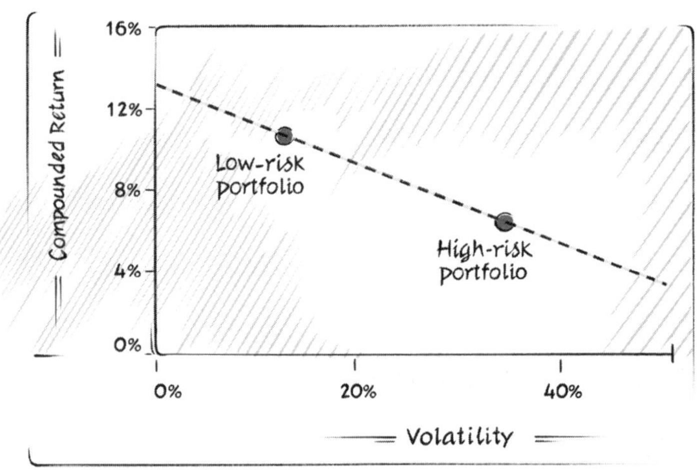

Abbildung 4.1: Das Portfolio mit hohem Risiko erbringt niedrigere Renditen

11 Volatilität ist ein Maß für die Preisvariation. Als Daumenregel gilt, dass die durchschnittliche jährliche Volatilität einer durchschnittlichen Aktie 20 Prozent beträgt. Eine typische Aktie wird mit einer Wahrscheinlichkeit von 1/3 im Verlauf eines Jahres um mehr als 20 Prozent fallen oder steigen, während die Wahrscheinlichkeit dafür, dass sie innerhalb der Spanne von plus/minus 20 Prozent verbleibt, bei 2/3 liegt.

Die Grafik zeigt nicht nur Risiko und Rendite der beiden Portfolios, sie lässt auch die tatsächliche Beziehung zwischen Rendite und Risiko erkennen, dargestellt durch die gestrichelte Linie. Dass das risikoreiche Portfolio eine niedrigere Rendite aufweist als das risikoarme Portfolio, bedeutet, dass es eine negative (!) Beziehung zwischen Risiko und Rendite gibt. Die Schildkröte schlägt den Hasen.

Aber lassen Sie uns an diesem Punkt ein wenig skeptisch sein. Wie genau können wir *wirklich* sagen, dass das Verhältnis zwischen Risiko und Rendite umgekehrt ist, wenn man bedenkt, dass wir nur die 100 volatilsten und die 100 am wenigsten volatilen Aktien betrachtet haben? Vielleicht sind unsere beiden extremen Portfolios nur die Ausnahme von einer ansonsten gültigen Regel? Vielleicht gibt es sehr wohl einen positiven Zusammenhang zwischen Risiko und Rendite. Vielleicht kann man mit dem Kauf von volatileren Aktien normalerweise durchaus höhere Renditen erzielen, und diese Regel gilt nur für die 100 risikoreichsten (also volatilsten) Aktien des Anlageuniversums nicht?

Rechnen wir einfach nach: Wenn das risikoreiche Portfolio eine Menge »Fokker-artiger« Unternehmen enthält (also solche, die in der Insolvenz enden), dürfte nicht weiter überraschend sein, dass die Gesamtrendite dieses hochgradig volatilen Portfolios durch die Pleiten bei diesen extrem volatilen Aktien geschmälert wird.

Um herauszufinden, ob unsere zwei Portfolios wirklich eine Ausnahme von der allgemeinen Regel eines positiven Zusammenhangs zwischen Rendite und Risiko sind, habe ich acht weitere Portfolios zusammengestellt. Dazu habe ich einfach die 1000 größten Aktien in eine Rangliste nach ihrer Volatilität gebracht und sie auf dieser Grundlage in 10 Gruppen unterteilt, die jeweils 100 Aktien enthalten. Auch diese Portfolios wurden gedanklich wieder zu Neujahr 1929 ins Leben gerufen.

Möchten Sie die Ergebnisse wissen? Nun, werfen Sie dafür einfach einen Blick auf die Grafik in Abbildung 4.2, in der Risiko und Rendite für jedes der zehn Portfolios eingetragen sind. Die Linie zeigt die tatsächliche Beziehung zwischen Risiko und Rendite.

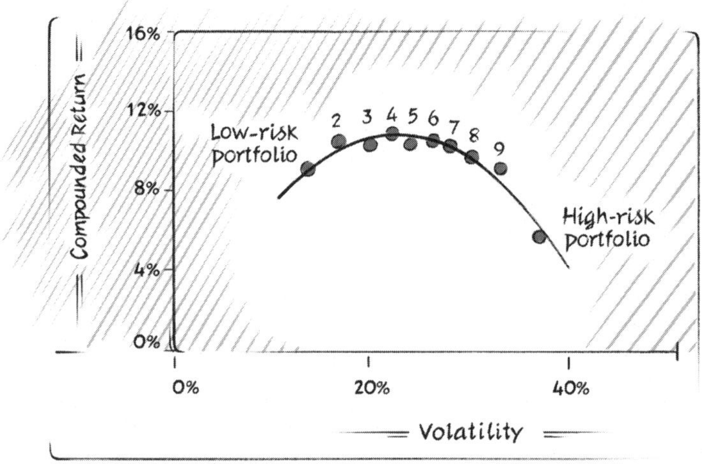

Abbildung 4.2: Etwas Risiko lohnt sich, aber zu viel davon verringert die Rendite

Wie Sie sehen können, ist die Beziehung nicht durchgängig positiv, aber auch nicht klar negativ. Die Linie steigt erst leicht an und fällt dann steil ab. Die inverse Beziehung zwischen Risiko und Rendite basiert also nicht nur darauf, dass das Portfolio mit dem höchsten Risiko eine so unbefriedigende Rendite liefert. Eigentlich ist es sogar überhaupt nicht so! Denn die meisten risikoreichen Portfolios (auch Nummer 8 und 9) erbringen Renditen, die niedriger sind als die der meisten risikoarmen Portfolios. Jedes dieser Risiko-Portfolios setzt Sie zwar einem höheren Maß an Volatilität aus, doch Sie werden für dieses höhere Risiko nicht belohnt. Ganz im Gegenteil: Sie bekommen dadurch niedrigere Renditen. Mehr Risiko *und* weniger Rendite. Aua, das tut weh.

Einige der Portfolios aber scheinen die Regel »mehr Risiko bedeutet mehr Rendite« zu bestätigen. Wenn Sie zum Beispiel nicht die 100 Aktien mit der niedrigsten Volatilität gekauft hätten, sondern stattdessen das Portfolio mit ein wenig mehr Volatilität (Portfolio 2), hätten Sie pro Jahr etwas mehr als 11 Prozent Rendite erzielt, während Sie beim Portfolio mit der niedrigsten Volatilität 10,2 Prozent bekommen hätten. Und wenn Sie bereit gewesen wären, mit dem Kauf von Portfolio 4 noch ein wenig mehr Risiko einzugehen, hätten Sie sogar 12 Prozent pro Jahr verdient. In Abbildung 4.2 wird also die goldene Mitte erkennbar: Ein wenig Risiko kann eine höhere Rendite bringen, aber Sie sollten es damit nicht übertreiben. Die Metapher mit dem Salz habe ich ja weiter oben bereits eingeführt – etwas davon bringt mehr Geschmack, zu viel aber verdirbt Ihr Essen. Das Gleiche gilt für Risiko, wie Abbildung 4.3 veranschaulicht. Ein gewisses Maß an Risiko auf sich zu nehmen, erhöht Ihre durchschnittliche Rendite, zu viel davon aber verdirbt Ihnen die Rendite.

Außerdem bestätigt die Grafik, dass das Anlageparadox wirklich existiert. Wie im ersten Kapitel erklärt, ist ein Paradox etwas, das sich selbst zu widersprechen scheint. Menschen neigen dazu, zu glauben, dass Zusammenhänge einfach oder linear sind, weil das eine einfache Daumenregel ist. In diesem Fall aber gibt es eindeutig keine gerade nach oben verlaufende Linie. Zunächst ist die Beziehung zwischen Rendite und Risiko leicht positiv, dann aber flacht sie ab und wird rasch negativ.

Dass risikoarme Aktien risikoreiche Aktien schlagen, hört sich für viele Anleger paradox an, denn sie sind der Meinung, dass mehr Risiko zu höheren Renditen führen muss. Alles andere darf einfach nicht stimmen, vor allem nicht für Profi-Anleger, denn ihnen wurde das genaue Gegenteil beigebracht. Die meisten Anleger haben dies gelernt, indem sie bekannte Lehrbücher gelesen, die besten Universitäten besucht oder den Ausführungen der intelligentesten Professoren gelauscht haben. Damit drängt sich eine Frage auf. Haben sich diese bestens ausgebildeten Anleger wohl die richtigen Zahlen angesehen?

Abbildung 4.3: Mit Risiko am Aktienmarkt sollte man umgehen wie mit Salz

Kapitel 5: Das achte Weltwunder

Das bringt Sie wirklich zum Staunen, oder? Wie eine relativ einfache historische Simulation von zehn Portfolios zeigt, ist die wahre Beziehung zwischen Risiko und Rendite genau das Gegenteil des modernen Mythos von der linearen und positiven Beziehung zwischen Risiko und Rendite – oder bestenfalls neutral. Warum aber wurde dieser Mythos dann noch nicht von anderen Forschern oder Anlegern »entlarvt«? Haben die nicht auch alle Zugang zu all diesen Kursdaten?

Nun, ich gebe zu, dass vielleicht nicht jeder Zugriff auf eine so umfangreiche Aktienmarkt-Datenbank hat wie ich, aber an den meisten Universitäten stehen gute Datenbanken problemlos zur Verfügung. Habe ich vielleicht »inkorrekte« Daten verwendet, was dazu geführt hat, dass sich eine »inkorrekte« Beziehung zwischen Volatilität und Rendite ergibt? Nein, ich kann Ihnen versichern, dass es so nicht war.[12]

Meiner Meinung nach gibt es einen anderen Grund, warum diese Belege von vielen Forschern übersehen werden. Der Beweis dafür, dass sich Aktien mit niedriger Volatilität besser

12 Im Jahr 2007 haben wir über dieses Thema einen Fachaufsatz in der Zeitschrift *Journal of Portfolio Management* veröffentlicht (The Volatility Effect: Lower Risk without Lower Return). Darin erklären wir den grundlegenden Test detaillierter und beachten dabei akademische Standards bezüglich Replizierbarkeit und Robustheit. Mein Co-Autor David Blitz und ich wurden dafür 2008 mit einem Citation of Excellence Award ausgezeichnet.

entwickeln als solche mit hoher Volatilität, war in den Daten schon immer zu finden, insbesondere seit die Qualität der Datensammlungen in den vergangenen Jahren immer besser wurde.[13] Vielen Forschern blieb er trotzdem verborgen, weil sie sich statt für eine langfristige für eine kurzfristige Betrachtung der Renditen von Aktien entschieden. Lassen Sie mich das, bevor Sie anfangen, Ihre Konzentration zu verlieren, kurz erklären.

All die Angaben zu Renditen, von denen ich bis hierhin berichtet habe, beziehen sich auf Anlagerenditen über mehrere Jahre oder sogar Jahrzehnte. Dies ist die Art von Renditen, die Albert Einstein einst als das achte Weltwunder bezeichnete: aufgezinste Renditen.[14] Richtig: Es sind Renditen, die den magischen »Zinseszins«-Effekt erfassen.

Diese aufgezinsten Renditen sind für jeden Anleger auf der Welt gleichermaßen real – von großen Pensionsfonds bis zum Teenager mit dem Drang, in einen höchst volatilen Flugzeugbauer zu investieren. Sie sind die tatsächlichen Renditen, die Sie bekommen hätten, wenn Sie in eine Aktie oder ein Portfolio investiert und lange Zeit (zum Beispiel einige Jahre) daran festgehalten hätten. Für echte Anleger, die in der echten Welt leben, sind dies echte Renditewerte in echten Dollar.

---

13 Mein Doktorvater Werner De Bondt hat die Untersuchung von Risiko und Rendite mit der Untersuchung von Glück in der Ehe verglichen: »Wenn man sich damit beschäftigt, ist es wichtig, auch die Scheidungen in der Ehe-Datenbank zu analysieren.« Interessanterweise waren in der CRSP-Datenbank bis in die 1990er Jahre nicht alle eingestellten Börsennotierungen und Insolvenzen enthalten, sodass frühere Studien ein zu positives Bild der Performance von risikoreichen Aktien zeichneten.

14 Auf Englisch spricht man hier von »compounded returns«, also wörtlich in etwa »Zinseszins-Renditen«. Der korrekte deutsche Fachausdruck würde »geometrische Durchschnittsrenditen« lauten, aber mit langen und komplizierten Ausdrücken möchte ich Sie nicht quälen. Deshalb verwende ich hier, als eine Art Kompromiss und um den Zinseszins-Effekt mit anklingen zu lassen, stattdessen »aufgezinste Renditen«. Finanzmathematiker mögen mir das bitte nachsehen.

Weil die aufgezinsten Renditen für alle Anleger dieselben sind, könnte man erwarten, dass auch wissenschaftliche Forscher dieselben Zahlen verwenden wie Anleger wie Sie und ich. Tatsächlich wäre das naheliegend, doch es ist nicht so. Stattdessen wird in der Forschung vor allem mit sogenannten »Ein-Perioden-Renditen« gearbeitet. Bei den meisten wissenschaftlichen Studien ist die Rendite eines Monats alles, worauf es ankommt, und dafür, dass die Wahl auf diesen kurzen Zeithorizont fällt, gibt es einen guten Grund.[15] Allerdings ist die Fokussierung auf den Zeitraum von nur einem Monat nur dann sinnvoll, wenn auch Ihr angenommener Anlagehorizont lediglich genau einen Monat beträgt.

Wie viele Anleger aber haben wirklich einen Zeithorizont von einem Monat? Wahrscheinlicher ist, dass Ihr Horizont mehrere Perioden mit vielen Quartalen, Jahren oder sogar Jahrzehnten umfasst. Und selbst wenn das bei Ihnen persönlich nicht so ist, dürfte es zumindest bei Ihrer Lebensversicherungsgesellschaft, Ihrem Rentensparplan oder dem Anlagemanager Ihres Pensionsfonds so sein. Mit anderen Worten: Ein-Perioden-Renditen mögen nett und praktisch sein, sind aber in den meisten Fällen unrealistisch.

Um diesen kleinen, aber wichtigen Unterschied zu veranschaulichen, möchte ich Ihnen ein einfaches Beispiel geben. Stellen Sie sich vor, Sie würden am Neujahrestag (wenn die Märkte dann offen wären) die Aktie eines Autoherstellers zum Kurs von 100 Dollar kaufen. Im Verlauf des ersten Monats verliert die Aktie 50 Prozent, und im zweiten Monat gewinnt sie 50 Prozent. Wie hoch wäre dann insgesamt Ihre Anlagerendite?

15 Das mit einem Nobelpreis ausgezeichnete Capital Asset Pricing Model (CAPM) ist ein sehr elegantes Modell, das von einer positiven und linearen Beziehung zwischen der (systematischen) Volatilität und der Rendite ausgeht. Wenn es getestet wird, nehmen so gut wie alle Forscher an, dass der Auswertungszeitraum nicht länger als einen Monat ist, weil ansonsten die statistische Aussagekraft ihrer Tests nicht ausreichen würde.

Das hängt davon ab, wie Sie Renditen berechnen. Über den gesamten Zeitraum ist der Kurs der Aktie auf 50 Dollar gefallen und dann wieder auf 75 Dollar gestiegen, wie Abbildung 5.1 zeigt. Sie hätten also 25 Prozent Ihrer anfänglichen Investition verloren. Wenn Sie jedoch einen einfachen Durchschnitt aus den beiden Monatsrenditen von +50 Prozent und -50 Prozent bilden, kommen Sie auf eine Rendite von 0 Prozent. Sie verlieren also je nach Berechnung 25 Prozent oder bleiben bei plus/minus 0 Prozent. Dies ist ein Fall von aufgezinster versus einfacher Rendite.[16] Ein ganz schöner Unterschied, oder?

Oft ist dieser Renditeunterschied relativ gering, doch wie das vorige Beispiel zeigt, können seine Folgen erheblich sein. Bei einer aufgezinsten Rendite wird die Dollar-Rendite über den gesamten Anlagezeitraum berechnet, während eine einfache Rendite mathematisch auf einem viel kürzeren Zeitraum basiert.

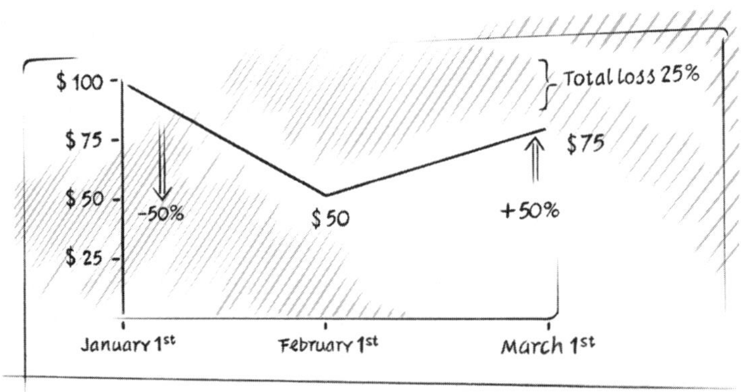

Abbildung 5.1: Wenn Sie zunächst 50 Prozent verlieren und dann 50 Prozent gewinnen, beträgt Ihr Gesamtverlust 25 Prozent Ihres ursprünglichen Einsatzes

Was also passiert, wenn wir uns die zehn Portfolios noch einmal ansehen und statt der aufgezinsten Renditen die einfa-

16 Noch einmal für Finanzmathematiker: Diese »einfache Rendite« heißt eigentlich »arithmetische Durchschnittsrendite«.

chen Renditen unter der Annahme eines Zeithorizonts von nur einem Monat berechnen? Würde dieser kleine Unterschied bei der Berechnungsmethode irgendwelche Auswirkungen auf die Existenz des Anlageparadoxes haben? Schauen wir uns dazu die Zahlen in Tabelle 5.1 an. Die Tabelle zeigt die Renditen der zehn Portfolios vom risikoärmsten (Portfolio 1) bis zum riskantesten (Portfolio 10).

	Niedriges Risiko									**Hohes Risiko**
Portfolio	1	2	3	4	5	6	7	8	9	10
Renditen										
einfach (in %)	10,6	12,3	12,8	13,7	13,6	14,3	14,4	14,4	14,6	12,6
aufgezinst (in %)	10,2	11,6	11,5	12,0	11,5	11,7	11,3	10,7	10,1	6,4
Unterschied (in %)	0,4	0,8	1,3	1,7	2,1	2,6	3,1	3,7	4,5	6,1

Tabelle 5.1: Der Unterschied zwischen der einfachen Rendite und der aufgezinsten Rendite nimmt mit steigendem Risiko zu. Hinweis: Die aufgezinsten Renditen sind dieselben wie in Abbildung 4.2

Wie Sie sehen können, tritt das Paradox, wenn man die einfachen Renditen betrachtet, in der Tabelle weniger deutlich zutage. Portfolio 10 mit der hohen Volatilität liefert eine einfache Rendite von durchschnittlich 12,6 Prozent pro Jahr, seine aufgezinste Rendite ist mit mittelmäßigen 6,4 Prozent nur etwa halb so hoch.

Das Paradox, dass Sie mit risikoarmen Aktien reich werden können und mit risikoreichen Aktien arm, scheint also zu existieren, aber es ist im Dunkel der Statistik verborgen. Es ist offenbar nur für diejenigen zu erkennen, die wissen, wo sie danach suchen müssen. Einer dieser Menschen, und zwar der erste, war der amerikanische Finanzprofessor Robert

Haugen, denn er hat das Paradox im Jahr 1975 entdeckt. Gelungen ist ihm das, indem er die aufgezinsten Renditen von risikoarmen und risikoreichen Anlageportfolios analysierte. Hier möchte ich noch einmal betonen, dass die meisten wissenschaftlichen Studien mit einfachen Renditen arbeiten – Haugen hat also eine andere Betrachtungsweise gewählt.[17] Ich habe seine Arbeiten gelesen, als ich noch im Grundstudium war, und ich bin noch heute verwundert darüber, dass seine Erkenntnisse von so vielen Wissenschaftlern so lange ignoriert wurden.[18]

Zurück zum Zinseszins-Effekt. Ein Blick auf die Tabelle zeigt deutlich, dass viele Anleger (und Wissenschaftler) sich dieses Paradoxes nicht einmal bewusst sind. Portfolio-Simulationen mit einfachen Renditen verhindern, dass es erkennbar wird. Zugegebenermaßen scheint das Portfolio mit dem höchsten Risiko (Portfolio 10) nicht zu der Weisheit zu passen, dass höhere Risiken höhere Renditen bringen, doch die Ergebnisse für Portfolio 1 bis 9 sprechen dafür, dass die Rendite leicht zunimmt, wenn ein Portfolio riskanter wird. Die Beziehung zwischen Risiko und Rendite scheint also mit nur einer Ausnahme leicht positiv zu sein. Aber sollte man eine ganze Theorie aufgeben, nur weil die Beobachtung eines einzelnen Professors im Widerspruch dazu steht?[19] Von

---

17 Zeit für ein Bekenntnis: In meiner eigenen Diplomarbeit über Abwärtsrisiken habe ich selbst mit einfachen Renditen gearbeitet und das achte Weltwunder der aufgezinsten Renditen ignoriert. Siehe auch: Van Vliet, P. (2004), Downside Risk and Empirical Asset Pricing (http://rebup.eur.nl/pub/1819).

18 Übrigens: Falls Sie an wissenschaftlichen Studien interessiert sind, aber nicht an einer Universität arbeiten, kann ich Ihnen eine hervorragende Forschungsdatenbank namens SSRN empfehlen. Darin finden Sie kostenlos viele hochwertige Analysen, unter anderem auch mehrere Artikel von Professor Haugen.

19 In der wissenschaftlichen Literatur wird diese Tatsache erst seit Kurzem anerkannt. Auf der Grundlage von einfachen Renditen zeigen Andrew Ang, Robert J. Hodrick, Yuhang Xing und Xiaoyan Zhang, dass Aktien mit hohem unternehmensspezifischem Risiko niedrige Renditen erbringen. Ihre 2006 im Journal of Finance veröffentlichte Studie trug dazu bei, dass ein Teil des Paradoxes unter Wissenschaftlern im Finanzbereich stärker zur Kenntnis genommen wird.

den meisten Wissenschaftlern scheint das wirklich zu viel verlangt zu sein.

Trotzdem gibt es immer mehr empirische Belege, die das Paradox untermauern.[20] Dies gilt nicht nur, wie in diesem Kapitel gezeigt, für den US-Aktienmarkt, sondern auch für europäische, japanische und Schwellenländer-Aktien wie China, Brasilien und Südafrika. Ebenso lässt sich das Paradox in jedem Wirtschaftssektor finden – wenn man sich seiner erst einmal bewusst ist, entdeckt man es fast überall. Später werden wir uns noch mit einigen faszinierenden Belegen dafür auf anderen großen Märkten wie dem für Unternehmensanleihen beschäftigen.

Vielleicht fragen Sie sich jetzt: *Was bedeutet das für mich als Anleger?* Eine ganze Menge, glaube ich. Erstens haben Sie gesehen, dass hohes Risiko zu niedrigen Renditen führt und niedriges Risiko zu hohen Renditen. Zweitens wissen Sie jetzt, dass es stark auf Ihren Anlagehorizont ankommt – je länger er ist, desto stärker beeinträchtigt Risiko über den Zinseszins-Effekt Ihre langfristigen Renditen. Bei einem risikoreichen Portfolio läuft das auf mehr als 6 Prozentpunkte Renditeunterschied pro Jahr hinaus. Das ist ein wirklich hoher Wert und keine Kleinigkeit, die Sie einfach ignorieren können. Und die Erklärung dafür, dass das Paradox auf dem Radar der meisten Finanzmarktforscher lange Zeit verborgen blieb, ist der Zinseszins-Effekt.

Die Ergebnisse in diesem Kapitel belegen die Existenz des Anlageparadoxes, doch eine große Frage ist damit noch nicht beantwortet: WARUM schneiden risikoarme Aktien besser ab als risikoreiche? Diese Frage ist wichtig, und ich habe Sie mir

20 In einer Studie aus dem Jahr 2014 skalieren Andrea Frazzini und Lasse H. Pederson risikoarme Aktien hoch und risikoreiche herunter, um sie auf dasselbe Risikoniveau zu bringen. Dieser elegante Ansatz ermöglicht einen fairen Vergleich von »Äpfeln mit Äpfeln« und löst das Problem mit dem Zinseszins. Vielleicht nicht überraschend ist, dass das Paradox dadurch sehr gut erkennbar und signifikant wird.

inzwischen mein halbes Leben über immer wieder selbst gestellt. Warum entwickeln sich diese risikoarmen Aktien auf lange Sicht so gut? Liegt es daran, dass die Unternehmen dahinter ein geheimes Geschäftsmodell haben, das ihnen dabei hilft, hohe Renditen zu generieren? Oder hat es etwas mit den Menschen zu tun, die diese stetigen Aktien verschmähen? Oder mit etwas ganz anderem? Es ist Zeit, ein paar Fragen zu beantworten. Bewahren Sie sich Ihre Skepsis, und springen wir zum nächsten Kapitel!

Der Mann, der das Anlageparadox entdeckt hat – er wusste in den 1970er Jahren, wo er danach suchen musste

Kapitel 6: Alles ist eine Frage der Perspektive

Viele Anleger sind sich des Anlageparadoxes nicht bewusst, weil sie das achte Weltwunder ignorieren und deshalb natürlich auch seine Auswirkungen nicht erkennen können. Aber reicht der Unterschied zwischen aufgezinster und einfacher Rendite als Erklärung für das Anlageparadox wirklich aus? Ist dieser Unterschied in der Methode zur Berechnung der Renditen von Portfolios die einzige Erklärung dafür, dass risikoarme Aktien risikoreiche Aktien schlagen?

Um diese Frage zu beantworten, müssen wir zunächst einen Schritt zurücktreten. Das Paradox hängt auch mit der Art und Weise zusammen, wie wir die Welt betrachten. Bitte werfen Sie dazu einen Blick auf das Bild in Abbildung 6.1.

Abbildung 6.1: Alles ist eine Frage der Perspektive

Das Bild soll zeigen: Was Sie sehen, hängt davon ab, wie Sie etwas betrachten. Je nachdem, wie Sie schauen, sind auf dem Bild drei oder vier Balken zu erkennen. Vielleicht haben Sie zunächst vier und dann drei gesehen, oder vielleicht auch umgekehrt. Merkwürdig, oder? Alles ist eine Frage der Perspektive, die Sie einnehmen. Denn was Sie sehen, hängt letztlich davon ab, wie Sie die Dinge betrachten.

Wenn Sie sich das Bild angeschaut haben, möchte ich eine Zeitreise mit Ihnen machen, zurück in das Jahr, als ich aus der Welt der Wissenschaft in die Welt der Vermögensverwaltung gewechselt bin. Das war im Januar 2005, und ich habe dadurch einen neuen Blick auf Risiko bekommen.

Bis zu dieser Zeit hatte ich meine Doktorarbeit geschrieben – dass ihr Thema »Die Abwärtsrisiken von Aktien« lautet, dürfte sie nicht überraschen. Nach vier Jahren Forschung und Lehrtätigkeit vor Studenten begann ich meine neue Karriere bei Robeco bewaffnet mit einer Aktenmappe, die mit »meinem« Anlageparadox, einigen anderen Anomalien und meiner eigenen Anlageerfahrung gefüllt war (aber glauben Sie mir, ein Modell eines Fokker-Flugzeugs hatte ich nicht dabei). Zunächst arbeitete ich als Forscher bei der Anlagegesellschaft in der Abteilung für quantitative Analysen. Endlich konnte ich all mein relevantes akademisches Wissen in der Praxis einsetzen.[21] Auf dem Gebiet der quantitativen Finanzanalysen wäre ich nirgendwo besser aufgehoben gewesen. Denn die Niederlande sind bekannt für ihre riesigen Pensionsfonds, und es gibt dort reichlich gut ausgebildete Ökonometriker. Wenn man beides zusammennimmt, bekommt man eine wirklich innovative Anlagekultur.

21 Karl Popper, ein österreichisch-britischer Philosoph aus dem 20. Jahrhundert, hat einmal gesagt: Es lohnt sich immer, zu versuchen, mehr über die Welt zu erfahren, selbst wenn wir dadurch nur feststellen, wie wenig wir wissen. Nach dem Abschluss meiner Doktorarbeit hätte ich ihm gar nicht überzeugter zustimmen können.

Die Aufgabe meiner Abteilung ist, wissenschaftliche Erkenntnisse in profitable Anlagestrategien für Kunden umzusetzen und zu analysieren, welche Strategien die höchsten und konsistentesten Renditen versprechen. Wenn wir durch strenge Analysen und historische Simulationen auf eine robuste Strategie stoßen, können wir unsere Theorie in der Praxis anwenden.

Eines Tages diskutierte ich mit meinem Kollegen David Blitz, Leiter des quantitativen Aktienresearch bei Robeco, über den Charakter unserer Analyseprojekte. Meistens ging es dabei – was vielleicht offensichtlich ist – um die Suche nach Strategien, die möglichst hohe Renditen versprachen. Allerdings waren die Kunden nicht immer bereit, uns völlige Freiheit dafür zu lassen, wie wir investieren. Wir mussten für sie Strategien entwickeln, die hohe Renditen ermöglichen, zugleich aber bestimmte Risikoparameter einhalten. Bis hierhin klingt das alles ziemlich logisch, oder? Schließlich möchte niemand bei der Jagd nach hohen Renditen leichtsinnig Risiken auf sich nehmen.

Etwas aber fiel mir, als ich in der Vermögensverwaltung zu arbeiten begann, wirklich auf. In meiner Zeit an der Universität war mir das weniger bewusst gewesen, doch bei den Experten in meiner neuen Branche ließ es sich kaum noch übersehen: Diese Menschen haben einen ganz anderen Blick auf Risiko, und der Grund dafür liegt in einem fast obsessiven Bedürfnis, die Leistung von Portfoliomanagern an einer Benchmark zu messen. Ich hatte mich viele Jahre lang mit Risiko beschäftigt, doch in meinen ersten Wochen in der Vermögensverwaltung lernte ich rasch ein neues Konzept dafür kennen: das des *relativen* Risikos.

In den bisherigen Kapiteln haben wir Daten zu Risiko und Rendite von Portfolios aus Aktien mit unterschiedlich ausgeprägter Volatilität betrachtet. Alle bis hierhin genannten Zahlen bezogen sich auf das *absolute* Risiko – Schwankungen von

Aktienkursen als Folge von Gewinnen oder Verlusten. Volatilität quantifiziert diese Schwankungen. Sie ist ein Maß für das absolute Risiko.

Viele professionelle Anleger widmen diesen absoluten Risikodaten jedoch nicht allzu viel Aufmerksamkeit: Sie interessieren sich eher für das Risiko von Portfolios im Vergleich zum Gesamtmarkt. Sie nehmen also eine *relative* Perspektive in Bezug auf Risiko ein. Für sie geht es nicht um das Risiko, Geld zu verlieren, sondern um das Risiko, schlechter zu sein als der Markt oder weniger gut abzuschneiden als ihre Konkurrenten. Beispielsweise könnten sie in einem bestimmten Jahr auf 20 Prozent Rendite kommen, doch wenn der Markt gleichzeitig um 40 Prozent zulegt, ist das keine gute Performance. Und wenn sie 20 Prozent verlieren? Nun, auch dann kommt es wieder ganz auf den Markt an. Wenn er im selben Zeitraum um 40 Prozent fällt, dann war ihre Performance ziemlich gut; wenn der Markt dagegen mit 0 Prozent unverändert bleibt, war die Performance der Profis eher schwach. Sie sehen: Geldanlage ist ein Spiel der Relativität.

Wenn sich Ihr Aktienportfolio ganz ähnlich wie der Markt bewegt, hat es also ein niedriges relatives Risiko. Und wenn es sich weitgehend unabhängig vom Markt entwickelt, ist sein relatives Risiko höher. Dieses Risiko ist so einfach zu berechnen wie die Volatilität: Statt der absoluten Preisschwankungen schaut man sich einfach die relative Kursentwicklung an. Das ist alles.

Das Merkwürdige an relativer Volatilität ist: Selbst wenn eine Aktie keinerlei absolutes Risiko hat, kann sie relativ gesehen immer noch sehr risikoreich sein. Lassen Sie mich das erklären.

Nehmen wir an, eine Aktie verzeichnet jedes Jahr ein Plus von 10 Prozent, während der Markt zwischen -40 Prozent und +60 Prozent Rendite schwankt. Wie riskant ist diese Aktie aus relativer Sicht? Einmal entwickelt sie sich um 50 Prozentpunkte schlechter als der Markt, einmal 50 Prozentpunkte besser. Aus relativer Sicht ist diese stetige Aktie also sehr risikoreich. Aus absoluter Sicht dagegen weist sie überhaupt kein Risiko auf, denn Sie verdienen mit ihr jedes Jahr 10 Prozent ohne jegliche Volatilität. Es ist wie beim Betrachten der Balken auf dem Bild oben – manche sehen drei, andere vier. Es ist alles eine Frage der Perspektive.

Professionelle Anleger müssen auf das relative Risiko achten, um ihren Chefs, Kunden und anderen zu beweisen, dass ihre Performance über dem Durchschnitt liegt. Denn vergessen Sie nicht: Diese Menschen verwalten ja nicht ihr eigenes Geld. Sie sind Profis und müssen ihre Performance ständig im Vergleich zu bestimmten Messlatten, die auch als Benchmarks bezeichnet werden, rechtfertigen. Anlagestrategien werden üblicherweise auf einer »like-for-like«-Basis verglichen. Institutionelle Anleger legen Wert darauf, eine konsistent bessere Performance als bei der Benchmark zu sehen. Dies wird als Outperformance bezeichnet. Eine hohe relative Rendite bei niedrigem relativem Risiko zu erzielen, ist üblicherweise der einzige Sinn ihres Daseins als Anleger.

Das sogenannte Marktportfolio besteht aus dem gewichteten Durchschnitt aller Aktien. Es ist die ultimative Messlatte, und die meisten Anleger nutzen es, um die Ergebnisse ihrer Anlagemanager mit den Risiken und Renditen am Markt insgesamt zu vergleichen. Die Performance des Gesamtmarktes (ein Index wie zum Beispiel der S&P 500 oder der MSCI World) ist ihre Benchmark. Meistens haben sie allen Anlass, das so zu handhaben: Wenn ihr Portfolio dieselben Renditen erzielt wie der Markt insgesamt, gleichzeitig aber ein hohes relatives Risiko aufweist, würden sie ja wahrscheinlich besser (und billiger) wegkommen, wenn sie schlicht einen Indexfonds kaufen, der einfach den Markt nachbildet.

Hinzu kommt: Als professioneller Anleger gehen Sie eine zusätzliche Art von Risiko ein, wenn Sie für Ihre Kunden eine Anlagestrategie mit dem Merkmal »hohes relatives Risiko, gleiche Rendite« verfolgen: Die Gefahr besteht darin, Ihren Job zu verlieren, wenn Sie die falschen Aktien auswählen. Dieses Karriererisiko ist von überragender Bedeutung. Um als Profi-Anleger nicht Ihren Job (oder Ihre Kunden) zu verlieren, müssen Sie irgendwie Aktien auswählen, die den Markt schlagen, statt nur Renditen wie am Gesamtmarkt zu erzielen. Also liegt Ihr Fokus erstens auf der Rendite und erst zweitens auf dem Risiko.

Und auf welcher Art von Risiko? Genau, auf dem relativen. Aber blicken wir erst noch einmal zurück auf das, was ich erlebte, als ich neu in die Welt der Vermögensverwaltung kam. Die Research-Abteilung, zu der ich stieß, hatte im Jahr 1994 ein Modell für die Aktienauswahl entwickelt, dessen Ziel darin bestand, eine hohe Rendite bei niedrigem relativem Risiko zu erreichen. Dieses quantitative Modell basierte auf belegten Faktoren und wurde von Portfoliomanagern seit dieser Zeit als Grundlage für ihre Anlageentscheidungen benutzt. Gleichzeitig hatte eine Strategie, die ausschließlich den von diesem Modell generierten Anlagesignalen folgt, seit 2002 exzellente Ergebnisse in der Praxis geliefert.

Ich war erfreut, zu sehen, dass wissenschaftliche Erkenntnisse in Produkte für bedeutende institutionelle Kunden umgesetzt wurden. Eines Tages kam ich in einer Diskussion mit David Blitz auf das Anlageparadox zu sprechen. Ich wusste, dass er die Studien von Robert Haugen ebenfalls gelesen hatte, sodass ihm bekannt war, dass risikoarme Aktien marktähnliche Renditen bei niedrigerer Volatilität liefern.

David hatte damals schon zehn Jahre in der Anlagemanagementbranche gearbeitet. Also fragte ich ihn, ob er schon einmal darüber nachgedacht habe, unser Modell für die Aktienauswahl um den Faktor »niedrige Volatilität« zu ergänzen, damit die Kunden von dem Anlageparadox profitieren können. Es ist zwar schon zehn Jahre her, aber ich erinnere mich noch sehr lebhaft an seine überzeugte und nachdenklich machende Antwort: »*Pim, wenn wir diesen Faktor in unser Modell aufnehmen würden, würde sich das relative Risiko deutlich erhöhen. Aus Sicht unserer Kunden wäre das eine riskante Strategie ohne viel zusätzliche Rendite …*«

Ich war entgeistert. Da stand ich nun, nachdem ich soeben von meiner akademischen Laufbahn in die Welt des Anlagemanagements gewechselt war, mit meiner Tasche voller belegter wissenschaftlicher Erkenntnisse und brennend vor Ehrgeiz, Anlagestrategien daraus zu entwickeln – und wurde konfrontiert mit der Vorstellung, dass die meisten Anleger kein Interesse an Portfolios mit niedrigem absolutem Risiko haben. Und warum? Weil so etwas nicht in ihre Welt des »niedrigen relativen Risikos« zu passen schien. Niedriges absolutes Risiko wurde als hohes relatives Risiko angesehen. Es ist eine Frage der Perspektive – ziemlich paradox, wenn Sie mich fragen.

Ich lernte schnell, und mir wurde klar, dass eine Strategie mit niedrigem Risiko für viele professionelle Anleger ganz und gar nicht attraktiv ist. Es stimmt, das relative Risiko einer solchen Strategie ist hoch. Aber warum ist dieses relative Risiko für Anleger so wichtig? Die Kunden sollten sich doch nur für die realen Renditen interessieren, denn das sind die einzigen, die wirklich eine Rolle spielen, wenn man ein Anlageziel erreichen muss.

Die Antwort ist ganz einfach: Zu viel relatives Risiko kann sich als Karriere-Killer erweisen. Relatives Risiko bedeutet, dass man von seinen Konkurrenten und seiner Benchmark abweicht. Angenommen, Sie finden die perfekte Aktie mit garantierten 10 Prozent Rendite pro Jahr, und der Markt steigt im ersten Jahr um 30 Prozent und verliert im nächsten Jahr 7 Prozent. Nach zwei Jahren läge die aufgezinste Rendite dann in beiden Fällen bei durchschnittlich etwa 10 Prozent pro Jahr. Mit Ihrer perfekten Aktie aber hätten Sie im ersten Jahr um 20 Prozentpunkte schlechter abgeschnitten als der Markt, und ihn im zweiten Jahr um 17 Prozentpunkte geschlagen. Im ersten Jahr hätten Sie dann keinen Bonus bekommen und wären vielleicht sogar gefeuert worden. Wenn Sie im zweiten Jahr Ihren Job noch gehabt hätten, hätten sie um 17 Prozentpunkte besser abgeschnitten als der Markt, doch das hätte nur gereicht, um das schlechtere Ergebnis vom Vorjahr auszugleichen. Aus relativer Sicht ist diese risikolose Aktie also sehr risikoreich und sehr unattraktiv.

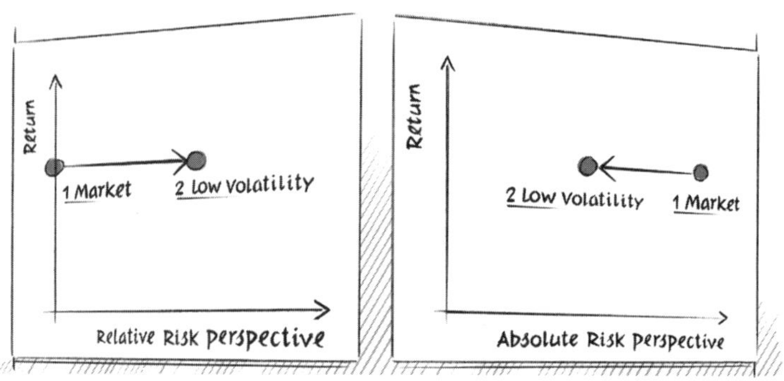

Abbildung 6.2: Niedrige Volatilität aus zwei unterschiedlichen Blickwinkeln

Aus der relativen Risikosicht eines Anlageprofis, der an seine Karriere denken muss, ist es also vollkommen sinnvoll, auf die Gelegenheit zu verzichten, in eine risikoarme Anlagestrategie zu investieren. Das kommt eben dabei heraus, wenn man in einem relativen Risikorahmen gefangen ist.

Anfangs konzentrierte ich mich auf die rechte (oder die positive) Seite von Abbildung 6.2, musste aber bald feststellen, dass sich professionelle Anleger nur für die linke Seite interessieren. Übrigens: Wir gehen hier konservativ davon aus, dass risikoarme Aktien exakt dieselbe Rendite generieren wie der Gesamtmarkt, das jedoch mit *niedrigerem* absoluten Risiko und *höherem* relativen Risiko.

David Blitz und ich wussten, dass wir unsere potenziellen Kunden erst davon überzeugen mussten, ihren Blick auf Risiko von relativ auf absolut umzustellen. Wir mussten ihr Anlageparadigma verändern. Denn ein risikoarmes Portfolio ist nur dann ausgesprochen sinnvoll, wenn es auf das reale absolute Abwärtsrisiko ankommt. Wenn man sich für relatives Risiko interessiert, macht es keinen Sinn. Auf ein risikoarmes Portfolio zu verzichten, weil es nicht in einen relativen Risikorahmen passt, ist ein wenig merkwürdig – vor allem, wenn man sich vor Augen hält, dass Kunden damit auf Dauer höhere Renditen bekämen und weniger Risiko ausgesetzt wären. Die armen Anlagemanager, und ihre armen Kunden! Weil sich Erstere um ihre Karriere sorgen, können Letztere von dem Anlageparadox nicht profitieren.

Sie dagegen können sich glücklich schätzen: Die Tatsache, dass professionelle Anleger wegen des relativen Risikos und des Karriere-Risikos einen Bogen um risikoarme Aktien machen, bringt hervorragende Chancen für andere Anleger, die sich weniger um relatives Risiko kümmern. Wenn Ihr Partner das relative Risiko Ihres Anlageportfolios nicht so genau beobachtet und nicht die Gefahr besteht, dass er Ihnen wegen des Kaufs von risikoarmen Aktien »kündigt«, sind Sie in der perfekten Position dafür, in sie zu investieren. Es könnte wie ein weiteres Paradox erscheinen, doch Privatanleger sind in dieser Hinsicht weitaus weniger eingeschränkt als professionelle und somit besser in der Lage, von den Vorteilen der Geldanlage in attraktiven risikoarmen Aktien zu profitieren. Als ich begonnen habe, diese Strategie zu entwickeln, war ich tatsächlich der Meinung, am interessantesten sei sie für Kunden, die ihre eigenen Portfolios verwalten. Ich dachte an Menschen wie meinen Vater, die sich nie mit Benchmarks beschäftigt hatten, aber sehr darauf achten, ihr Kapital zu vermehren und zu bewahren. Freuen Sie sich also, wenn Sie keine Benchmark haben!

Die Beschränkungen für professionelle Anleger in Bezug auf eine risikoarme Anlagestrategie sind vielleicht mit die beste Erklärung dafür, warum das Investieren in risikoarme Portfolios überhaupt »funktioniert«. Wenn es vielen professionellen Anlegern nicht möglich ist, Geld in derartige Portfolios zu investieren, sind diese »unbeliebten« Strategien »nicht gefragt« – sie werden weitgehend ignoriert, was dazu führt, dass sie bessere Renditen bieten. Allerdings gibt es noch weitere Gründe dafür, dass Anleger risikoarme Aktien nicht immer attraktiv finden. Blättern Sie einfach um, und ich werde Ihnen erklären, warum sich nicht jeder in diese Perlen verliebt.

»Benchmarks können Ihren Blick auf Risiko vollkommen verändern«

Kapitel 7: Die verführerische Seite von Risiko

Als Kind erklärte mir meine Mutter, dass man unglücklich werden kann, wenn man sich mit anderen vergleicht. Auch laut Immanuel Kant, einem Philosophen aus dem 19. Jahrhundert, sind Eifersucht und Neid schädlich. Und was noch? Neben Philosophen warnen auch alle großen Religionen vor den negativen Folgen von Neid, Eifersucht und Begehrlichkeit.[22] Heute, im 21. Jahrhundert, stehen Informationen in großer Fülle und in Echtzeit zur Verfügung. Also ist es einfacher und üblicher geworden, sich mit anderen zu vergleichen. Aber der Versuch, mit den Müllers von nebenan mitzuhalten, kann ziemlich anstrengend sein (und schädlich, wie Abbildung 7.1 andeutet).

Abbildung 7.1: Eifersucht ist schädlich

22 Das zehnte Gebot in der Bibel lautet »Du sollst nicht begehren«. Im Islam und im Buddhismus wird Neid als »Hassad« und als »Irshya« bezeichnet und als nicht gut angesehen. Im Hinduismus gibt es eine enge Verbindung zwischen Neid und dem Verlust des persönlichen Gleichgewichts.

Eric Falkenstein ist ein angesehener Autor und hat zwei Bücher über Geldanlage mit niedriger Volatilität geschrieben, die einige brillante Erkenntnisse über dieses Phänomen enthalten. Wie er betont, ist unsere menschliche Neigung dazu, uns mit anderen zu vergleichen, biologisch gesehen nachvollziehbar. Außerdem erklärt er, dass ein relativer Risikorahmen Neid eher fördert als dämpft.[23] Weil Neid eine so mächtige Emotion ist, sollten wir auch seinen Einfluss auf Anlageentscheidungen nicht unterschätzen.

Die Fokussierung der Fondsbranche auf relatives Risiko ist wahrscheinlich nicht die einzige Erklärung dafür, dass risikoarme Aktien von so vielen Anlegern in einem so gewaltigen Ausmaß übersehen werden.[24] An dieser Stelle eine kleine Zusammenfassung: Erstens *sehen viele Anleger das Paradox gar nicht*, weil sie das achte Weltwunder des Zinseszins-Effekts ignorieren. Zweitens *sind viele Anleger nicht in der Lage, damit zu arbeiten*, weil sie von ihrem Paradigma des relativen Risikos und von Karriere-Überlegungen davon abgehalten werden.

Doch es gibt noch eine wichtige dritte Erklärung: Viele Anleger *wollen* risikoarme Aktien gar nicht kaufen, weil sie risikoreiche Aktien sehr viel attraktiver finden. Denn genau, risikoarme Aktien sind üblicherweise wenig spannend und vermitteln nicht das Gefühl, dass man mit ihnen schnell und einfach Geld verdienen kann.

---

23 In seinen Büchern nennt Eric Falkenstein zahlreiche Beispiele aus Gebieten von Biologie (z.B. bei der Partnerwahl) bis Ökonomie und erklärt, warum die Fokussierung auf Relatives in Natur und Gesellschaft seit jeher so verbreitet ist. Unter anderem führt er das berühmte Eisenberg-Paradox an: Die westlichen Gesellschaften sind reicher geworden, aber insgesamt nicht glücklicher. Für Ökonomen ist das verwunderlich, weil sie einen Zusammenhang zwischen Nutzen und Wohlstand auf der einen und Einkommen auf der anderen Seite sehen. Interessanterweise lässt sich dieses Paradox aus relativer Sicht verstehen, aus absoluter Sicht aber bleibt es rätselhaft.

24 Von Zeit zu Zeit faire Vergleiche zu ziehen, ist durchaus nützlich, aber man sollte das nicht übertreiben. Das Prinzip der goldenen Mitte gilt auch für die Arbeit mit Konkurrenzvergleichen und relativen Risiken.

Wie oben erwähnt, sind Anleger, die ihr eigenes Geld verwalten, nicht von Benchmarks und relativen Risiken eingeschränkt. Die meisten Privatanleger können kaufen, welche Aktien auch immer sie wollen, so lange ihnen ihr Broker Zugriff darauf gibt. Und die meisten von ihnen tun genau das.

Privatanleger neigen dazu, in das zu investieren, was sie als attraktiv wahrnehmen. Und welche Arten von Aktien sind das? In der Praxis werden Aktien häufig gekauft wie Lotterielose – Anleger scheinen dem Reiz von volatilen, aufregenden und schlagzeilenträchtigen Aktien zu erliegen. Es gibt sogar eine wissenschaftliche Untersuchung über die Eigenschaften von Menschen, die besonders volatile Aktien kaufen. Demnach scheint es unter Anlegern mit niedrigerem sozioökonomischem Status eine allgemeine Präferenz für hochgradig volatile, lotterieartige Aktien zu geben.[25] Sind risikoreiche Aktien also die »Aktien des kleinen Mannes«? Treffer – ich selbst war jung und arm, als ich meine erste riskante Aktie kaufte.

Aktien von Unternehmen mit aufregenden neuen Geschäftsmodellen in aufregenden neuen Branchen sind ihre Favoriten. Solche Anleger interessieren sich weniger dafür, ob ein Unternehmen eine für immer währende Erfolgsgeschichte zu werden verspricht. Stattdessen konzentrieren sie sich darauf, wie groß ihr Erfolg sein wird und wie viel diejenigen gewinnen werden, die seine Aktien gekauft haben. Solche aufregenden Aktien können Eindruck bei Ihren Freunden und Ihrer Familie machen, wenn Sie erzählen, dass Sie die brillante Weitsicht hatten, frühzeitig einzusteigen.

Die Geschichte ist voll von Beispielen für solche »sexy« Aktien. Nehmen wir zum Beispiel die berühmte Südseeblase, die im

25 Eine gut lesbare Studie zu dem Thema hat Alok Kumar 2009 im *Journal of Finance* veröffentlicht: »Who Gambles in the Stock Market?«

18. Jahrhundert in England entstand.[26] Nach ihrem Platzen im Jahr 1720 merkte Sir Isaac Newton an, er könne »die Bewegung von Sternen berechnen, aber nicht die Verrücktheit von Menschen«. Und leider zeigt die Geschichte, dass nicht viele Anleger mit dem Kauf von riskanten Aktien reich geworden sind.

Aus geschäftlicher Sicht ist es auch für die Manager von Publikumsfonds sinnvoll, Aktien mit hohen erwarteten Renditen nachzujagen. Denn was passiert, wenn es einem Fondsmanager gelingt, Aktien auszuwählen, die besser abschneiden als der Gesamtmarkt? Offensichtlich entwickelt sich sein Portfolio dann sehr gut, und auf diesen Erfolg werden Personen aufmerksam, deren Aufgabe es ist, die besten und klügsten Portfoliomanager auszuwählen. Außerdem empfehlen sie diesen Star-Fondsmanager auch an andere weiter. Das Ergebnis? Dem Fonds des Managers dürften erhebliche Mengen an neuem Geld zufließen, was höhere Einnahmen für seine Anlagegesellschaft bedeutet und seine Chefs glücklich macht.[27] Und als Belohnung wird er wahrscheinlich einen hübschen Bonus bekommen.

Oh, und auch die Analysten dürfen wir nicht vergessen. Die meisten Aktienanalysten entscheiden sich für eine solche Tätigkeit in der Hoffnung, als junger Analyst attraktive Aktien zu entdecken, nach ein paar Jahren damit aufzufallen und dann selbst Portfoliomanager oder ein Star-Analyst zu werden. Um also die Karriere-Leiter in der Vermögensverwaltung hinaufzusteigen, müssen sie dafür sorgen, dass sie beeindruckende Ergebnisse erreichen. Dafür müssen sie nichts weiter tun, als

26 Als Südseeblase wird der spekulative Handel mit Aktien der South Sea Company bezeichnet, eines 1711 in Großbritannien gegründeten Unternehmens mit dem exklusivem Recht – also dem Monopol –, Handel mit Südamerika zu betreiben.

27 Jason Karceski hat darüber im Jahr 2002 einen wissenschaftlichen Aufsatz geschrieben: »Return Chasing Behavior, Mutual Funds, and Beta's Death« im Journal of Financial and Quantitative Analysis. Demnach führt die Jagd nach Rendite bei den Kunden von Publikumsfonds dazu, dass die Manager dieser Fonds risikoreiche Aktien auswählen.

Aktien zu finden, die relativ hohes Potenzial haben, eine relative Outperformance gegenüber dem Gesamtmarkt zu zeigen (auch die Analysten spielen also das Spiel des relativen Risikos). Genau wie Fondsmanager konzentrieren sie sich auf Aktien, die sich wahrscheinlich besser entwickeln werden als der Markt, und empfehlen sie. Also haben auch sie klare Anreize, sich vor allem mit risikoreichen Aktien zu beschäftigen.

Da haben Sie es. Für die meisten Vermögensverwalter, Fondsmanager und Analysten lohnt es sich, immer weiter in risikoreiche Aktien zu investieren, obwohl umfangreiche historische Datensammlungen beweisen, dass bei diesem Spiel nicht viel zu gewinnen ist. Ich möchte betonen, dass dieses Verhalten tief verwurzelt, nachvollziehbar und vollkommen rational ist. Das macht es ja zu einer so mächtigen Triebkraft für die Märkte – insbesondere, wenn man berücksichtigt, dass das meiste Geld heutzutage von Profis statt von den Eigentümern selbst verwaltet wird. Es mag sich banal anhören, aber für Menschen, die ihr eigenes Geld investieren (Leute wie meinen Vater also), ist dieses Verhalten einfach absolut sinnlos.

Dies also könnten die Gründe dafür sein, dass Aktien mit wenig Risiko am Markt übersehen werden. Erstens bringt ihr spezieller Blick auf Risiko professionelle Anleger dazu, risikoreichen Aktien nachzujagen. Zweitens sind auch Karriere-Aspekte für professionelle Anleger ein Anreiz dazu. Drittens sorgen geschäftliche Überlegungen dafür, dass Anlagefirmen bevorzugt risikoreiche Fonds verkaufen. Viertens sind risikoarme Aktien nicht sexy und können nicht mit dem »Lotterie-Element« locken. Insgesamt scheint somit so ziemlich jeder eher von der dunklen und riskanten Seite des Aktienmarkts angezogen zu werden.

An diesem Punkt möchten Sie nach all meinen Ausführungen über die Fondsbranche, risikoarmes Investieren und das

Leben an sich vielleicht sagen: »*Vielen Dank, Herr Oberlehrer.*« Das würde mir nichts ausmachen. Mein Ziel ist, dafür zu sorgen, dass Sie die Wurzel dieses Anlageparadoxes wirklich verstehen. Vielleicht fragen Sie sich ja auch schon, was Sie selbst tun können, um sich dieser Neigung zu widersetzen und nicht dem relativen Denken zum Opfer zu fallen.

Nun, die Antwort ist »relativ« einfach: Sie müssen nichts weiter tun, als Ihre Perspektive zu verändern. Versuchen Sie, drei Balken zu sehen, wo für andere vier liegen. Hören Sie auf damit, Ihre Performance mit der von anderen zu vergleichen. Konzentrieren Sie sich einfach auf absolutes Risiko und langfristigen Kapitalzuwachs. Ignorieren Sie nicht das achte Weltwunder und widerstehen Sie den Sirenengesängen von risikoreichen Aktien. Kaufen Sie einfach risikoarme Aktien und seien Sie geduldig. Das ist alles, was Sie tun müssen.

»Die Grundursache des Anlageparadoxes ist Neid«

Kapitel 8: Billig kaufen und der Trend ist dein Freund

Alles, was Sie brauchen, sind risikoarme Aktien. Suchen Sie einfach einen Korb mit wenig volatilen Aktien zusammen, kaufen Sie sie und halten Sie daran fest; vergessen Sie aber nicht, sich von einigen dieser Aktien zu trennen, wenn andere mit niedriger Volatilität zur Verfügung stehen.

»Na na na, Herr Van Vliet ... Nicht so schnell! Sie wollen mir also sagen, dass ich nichts weiter tun muss, als mich auf risikoarme Aktien zu konzentrieren, und all die anderen Anlageempfehlungen vergessen kann? Dass ich einfach jede risikoarme Aktie kaufen kann und mir keine Gedanken machen muss?«

Wenn die Aussage »Alles, was Sie brauchen, sind risikoarme Aktien« Ihnen vor lauter Fragen den Kopf schwirren lässt, bin ich völlig zufrieden. Denn solche Fragen sind der Beweis für gesunde Skepsis. Aber auch, wenn Sie das Stadium des Zweifelns noch nicht erreicht haben, ist das kein Problem – in diesem Fall weiß ich zu schätzen, wie geduldig Sie mit mir sind. Aber versuchen wir an dieser Stelle, nicht die Konzentration zu verlieren: Ist niedrige Volatilität wirklich alles, worauf es ankommt, und können Sie andere wichtige Theorien über Geldanlage wirklich einfach ignorieren, wenn Sie ein risikoarmes Portfolio zusammenstellen?

Ja, das können Sie tatsächlich! Und wenn Sie es versuchen, werden Sie, wie in Kapitel 3 dargelegt, wahrscheinlich ziemlich zufriedenstellende Ergebnisse erzielen. Trotzdem verzichten Sie auf ein Vermögen, wenn Sie andere wertvolle Erkenntnisse missachten und sich nur auf Geldanlage in wenig volatile Aktien konzentrieren. Ich erkläre Ihnen auch gerne, warum. Eigentlich müsste es nämlich eher heißen: »Alles, was Sie brauchen, sind Aktien mit niedriger Volatilität und zwei zusätzliche Zutaten.« Fangen wir also an, nach den zwei Zutaten zu suchen, die Sie brauchen, um Ihrem Portfolio noch etwas mehr Würze zu geben.

Aber wo genau fangen wir damit an? Nun, treten wir dafür zunächst einen Schritt zurück. Unser Ziel ist es, risikoarme Aktien zu kaufen, weil sie finanziell befriedigende Ergebnisse liefern. Allerdings würde Ihr Portfolio enorm groß werden, wenn Sie jede einzelne Aktie mit niedriger Volatilität kaufen wollten, die es dort draußen gibt. Also müssen Sie Entscheidungen treffen. Und wenn Sie die Wahl zwischen zwei Aktien mit exakt demselben niedrigen Risiko hätten, von denen aber eine sehr teuer und die andere sehr billig ist, würden Sie sich höchstwahrscheinlich für die billigere entscheiden.

Dies ist die erste Zutat. Denn wie bei so vielen anderen Dingen im Leben zahlt es sich auch bei Aktien aus, nicht nur darauf zu achten, *was* Sie kaufen, sondern auch *zu welchem Preis*. Das Konzept, billige Aktien zu kaufen, ist eine beliebte und weithin bekannte Anlagestrategie, die von vielen Anlegern in der ganzen Welt angewandt wird. Vielleicht haben Sie schon einmal von diesem sogenannten Value-Investing gehört. Darüber wurden schon mehr als 1000 Bücher geschrieben, und viele berühmte Anleger investieren nach dieser Philosophie.[28]

---

28 Value-Anleger wie Warren Buffett, Walter Schloss, Mario Gabelli, Christopher Browne oder Joel Greenblatt sind in der Öffentlichkeit gut bekannt. Auch Eugene Fama, Andrei Shleifer und Rob Arnott sprechen sich für Value-Investing aus. Ihre Theorien sind interessant für Anleger mit Interesse an wissenschaftlicher Forschung und evidenzbasierter Geldanlage.

Zwar gibt es für Value-Investing eine Reihe von verschiedenen konkreten Ansätzen, doch ihr gemeinsamer Nenner besteht darin, in Aktien zu investieren, die – vorübergehend – »im Sonderangebot« sind. Value-Anleger suchen nach Aktien, die bei anderen, und zwar häufig nicht zu Unrecht, gerade unbeliebt sind. Ihre Kurse sind verglichen mit dem inneren Wert des Unternehmens (berechnet auf Basis von Fundamentaldaten) oft niedrig. Wenn sie wieder in Mode kommen, erholen sich ihre Kurse, und Value-Anleger bekommen eine ansehnliche Rendite. Die Idee dahinter ist, einen Wert von 1 Dollar möglichst für 60 Cent zu kaufen und dann die Geduld zu haben, zu warten, bis für diese 60 Cent wieder mindestens 1 Dollar bezahlt wird.

Als »Gründervater« des Value-Investing wird manchmal Benjamin Graham bezeichnet; Warren Buffett wäre dann so etwas wie sein »Sohn«. Die von Value-Anlegern erzielten überlegenen Renditen haben längst die Aufmerksamkeit der akademischen Welt auf sich gezogen. Viele Forscher haben versucht herauszufinden, ob es sich wirklich lohnt, in Aktien mit einem relativ niedrigen Kurs (gemessen an den Fundamentaldaten eines Unternehmens) zu investieren. Tatsächlich konnten sie bestätigen, dass sich Aktien, die nach einer Reihe von Value-Charakteristika als billig anzusehen sind, besser entwickeln als teure. Beispielsweise wurde bewiesen, dass es sich lohnt, in Aktien zu investieren, deren Kurs im Vergleich zu den Vermögenswerten des dahinter stehenden Unternehmens (wie Gebäude, Maschinen und Lagerbestände) niedrig ist oder die gemessen am Kurs einen relativ hohen Gewinn pro Aktie aufweisen.[29]

---

29 Die erste wissenschaftliche Studie, die bewies, dass ein Value-Ansatz hohe Renditen erbringt, wurde 1977 von Sanjoy Basu vorgelegt. Darauf folgten viele weitere Studien, von denen die bekannteste und am häufigsten zitierte von dem Nobelpreisträger Eugene Fama stammt. Manche Forscher argumentieren, Value-Investing funktioniere deshalb, weil Anleger zu optimistisch sind und für Wachstum zu viel bezahlen; andere verweisen zur Erklärung der höheren Renditen auf das höhere Risiko von Value-Aktien.

Wäre es nicht eine gute Idee, auch das in unserer risikoarmen Strategie zu berücksichtigen? Ja, absolut. Schließlich ist Value-Investing an sich schon ein gut belegtes Konzept, sodass es vollkommen vernünftig ist, lieber billige Aktien mit niedrigem Risiko zu kaufen als teure. Aber auf welche Art von Value-Charakteristika sollten wir uns dabei konzentrieren?

Lassen Sie uns für die Antwort zunächst noch einen weiteren Schritt zurücktreten: Überlegen wir, warum Anleger überhaupt Aktien kaufen. Sie kaufen diese Anteile von Unternehmen, um »etwas« zurückzubekommen: einen Kapitalgewinn (wenn der Kurs steigt), eine Dividende, oder beides. Die Dividenden, die aus einer Aktienanlage fließen, werden als »Income« (auf Deutsch: Einnahmen oder Einkünfte) bezeichnet.

Die Bedeutung von Dividenden sollte man nicht unterschätzen. Nach einer Analyse von Professor Elroy Dimson war ungefähr die Hälfte der Gesamtrendite, die man in den Jahren 1900 bis 2000 am Aktienmarkt der USA und Großbritanniens erzielen konnte, auf Dividenden zurückzuführen.[30] Mit anderen Worten: Income ist wichtig, sehr sogar. Ein guter Maßstab, um direkte Vergleiche zwischen mehreren Aktien vorzunehmen, ist in diesem Zusammenhang die Dividendenrendite, denn die Dividende sollte im Verhältnis zum Aktienkurs betrachtet werden. Eine Aktie, die eine Dividende von 1 Dollar ausschüttet und deren Kurs bei 10 Dollar steht, hat eine Dividendenrendite von 10 Prozent. Diese Aktie ist attraktiver als eine andere Aktie mit einem Kurs von 100 Dollar und einer Dividende von ebenfalls 1 Dollar. Denn eine Dividendenrendite von 10 Prozent ist natürlich attraktiver als eine Dividendenrendite von nur 1 Prozent.

Allerdings entsteht, wenn man sich allein auf die Dividendenrendite konzentriert, ein Problem: Es gibt Unternehmen,

30 Dimson, Marsh und Staunton (2002), *The Triumph of the Optimists.*

die gern Dividenden zahlen, aber aus anderen – zum Beispiel steuerlichen – Gründen stattdessen lieber Aktien von ihren Aktionären zurückkaufen. Wenn ein Unternehmen einen Teil seiner eigenen Aktien zurückkauft, bedeutet dies nichts weiter, als dass alle künftigen Gewinne unter einer kleineren Gruppe von Aktionären aufgeteilt werden müssen. Auch solche Rückkäufe kann man also als eine Art »versteckte Einkünfte« verstehen, denn auch wenn sie keine direkte Zahlung von dem Unternehmen bedeuten, wächst dadurch Ihr Anteil am »Gewinnkuchen«. Wenn man sich bei der Auswahl von risikoarmen Aktien allein auf die Dividendenrendite konzentriert, würde man wahrscheinlich Unternehmen übersehen, die Aktien zurückkaufen, statt Dividenden auszuschütten. Aus diesem Grund sollten wir uns bei der Auswahl von Aktien mit niedriger Volatilität lieber auf *beides* konzentrieren: Dividendenrendite und Aktienrückkäufe. Beide sind Quellen von Einkünften für Anleger, sodass ich dieses Kriterium insgesamt als »Income« bezeichnen möchte.

Income ist ein eleganter Value-Indikator, denn er begünstigt Unternehmen, die zumindest Gewinne machen (falls nicht, ist es ziemlich schwierig, Dividenden zu bezahlen oder Aktien zurückzukaufen), und deren Aktien gleichzeitig billig zu haben sind. Definitionsgemäß wird die Income-Rendite fallen, wenn eine Aktie teurer wird, sodass automatisch andere Aktien attraktiver erscheinen. Außerdem sagt uns Income etwas über das Verhalten des Managements, denn dieses Kriterium signalisiert, dass die Manager die Interessen der Aktionäre beachten, weil sie sorgsam mit dem Geld und den Gewinnen des Unternehmens umgehen.[31]

31 Manche Anleger betrachten die Gesamtauszahlung eines Unternehmens an die Aktionäre als Maßstab für »Qualität«. Dieser Anlagestil ist weniger genau definiert als Value-Investing und umfasst neben Kennzahlen zu niedrigem Risiko manchmal auch solche zur Profitabilität.

Das also ist unsere erste zusätzliche Zutat. Indem wir uns auf Aktien mit niedriger Volatilität konzentrieren, die darüber hinaus attraktives Income bieten, können wir unsere risikoarme Anlagestrategie noch weiter verbessern. Allerdings entsteht, wenn wir *nur* Value-Kennzahlen in unsere Strategie der niedrigen Volatilität mit aufnehmen, ein potenzielles Risiko. Deshalb brauchen wir noch eine zweite Zutat. Lassen Sie mich erklären, warum.

Manche Aktien haben einen niedrigen Kurs und bieten eine hohe Income-Rendite, sind aber »nicht ohne Grund« so billig. Solche Aktien mögen attraktiv aussehen, aber was ist, wenn die geschäftlichen Aussichten der Unternehmen dahinter deutlich weniger überzeugend sind? Was, wenn Sie zum Beispiel herausfinden, dass eine Aktie mit niedriger Volatilität eine hohe Dividendenrendite bietet, dass die Vorstände des Unternehmens aber Tochtergesellschaften verkaufen oder große Mengen an Anleihen emittieren, nur um die Dividende für die Aktionäre zahlen zu können? Wenn Sie nur ausschließlich auf die Dividendenrendite achten, könnte diese Aktie als attraktive Anlagemöglichkeit erscheinen, doch mit der Zeit bekommt dieses Unternehmen womöglich schwere Probleme.

Anleger sprechen bei solchen Aktien gern von »Value-Fallen«. Wenn Sie in diese Falle tappen und sich vom Reiz einer attraktiven Bewertungskennzahl überzeugen lassen, werden Sie mit den Konsequenzen leben müssen: mit einem Aktienkurs, der langsam auf den Abgrund zusteuert. In einer solchen Lage werden Anleger häufig zum Opfer des »kochender Frosch«-Syndroms (im Englischen: »boiling frog« syndrome): Laut dieser Anekdote springt ein Frosch aus einem Topf nicht heraus, wenn man das Wasser darin nur langsam erwärmt, sodass er am Ende bei lebendigem Leib gekocht wird. Auf ähnliche Weise neigen die meisten Menschen dazu, auf Nachrichten nicht konsequent genug zu reagieren, wenn sie

Stück für Stück hereinkommen, sodass auch sie Gefahr laufen, »gekocht« zu werden.[32]

Jetzt habe ich aber erst einmal eine gute Nachricht für Sie. Mit einer zweiten Extra-Zutat für Ihr risikoarmes Portfolio können Sie sich vor solchen Fallen schützen: Die Berücksichtigung der Kursentwicklung in der jüngeren Vergangenheit. Wenn der Kurs einer risikoarmen Aktie mit attraktivem Income allmählich fällt, ist das ein schlechtes Omen. Um zu vermeiden, dass Sie gekocht werden, sollten wir unsere Strategie mit wenig volatilen Aktien also erweitern, indem wir auch Informationen über die Kursentwicklung heranziehen. Denn wenn wir darauf achten, dass Aktien außer mit niedriger Volatilität und attraktivem Income auch mit einer positiven Kursentwicklung überzeugen, verringert sich die Gefahr, in einer Value-Falle zu landen. Abbildung 8.1 zeigt uns, dass der Hase auf die sich verschlechternden »Umstände« nicht reagiert. Die Schildkröte ist sich hingegen der äußeren Umstände bewusst, bemerkt die steigende Temperatur und springt rechtzeitig aus dem Topf, um sich in Sicherheit zu bringen.

Vielleicht sind Sie im Zusammenhang mit Berichten über die Entwicklung von Aktienkursen in einem bestimmten Zeitraum schon einmal dem Ausdruck »Kurstrend« begegnet. Analysten, die sich mit Trends und Mustern beschäftigen, um die Chancen von Aktien zu beurteilen, bevorzugen solche, bei denen ein Aufwärtstrend zu beobachten ist. Diese – technischen – Analysten sagen oft Sachen wie »der Trend ist dein Freund«. Sie sind überzeugt: Aktien, die sich zuletzt gut entwickelt haben (auch bekannt als Gewinneraktien) werden auch in näherer Zukunft noch Gewinner sein. Ebenfalls

32 Die Geschichte mit dem Frosch wurde zwar empirisch widerlegt, doch sie ist eine mächtige Metapher, um zu erklären, warum Menschen auf häppchenweise eintreffende Nachrichten tendenziell nicht konsequent genug reagieren. Siehe dazu auch Wikipedia: https://en.wikipedia.org/wiki/Boiling_frog.

glauben diese Analysten, dass auch das Gegenteil gilt, dass man sich also von fallenden Aktien fernhalten sollte, weil sich dieser Trend ebenfalls fortsetzen wird. Auch dieses Phänomen hat einen schicken und weithin verwendeten Namen: Momentum. Und wissen Sie was? Auch in diesem Fall gibt es robuste akademische Belege dafür, dass auf diesem Prinzip basierende Geldanlage wirklich funktioniert.

Abbildung 8.1: Die Metapher vom kochenden Frosch bezieht sich auf die menschliche Neigung, auf Nachrichten nicht konsequent genug zu reagieren

Ein Portfolio, das aus solchen »Gewinneraktien« besteht, liefert deutlich bessere Renditen als ein Portfolio aus »Verliereraktien«. Die ersten Belege für das Funktionieren von Momentum-Geldanlage stammen sogar schon aus dem 19. Jahrhundert.[33] Die Vorteile des Momentum-Prinzips sind zudem auch außerhalb der Aktienmärkte zu beobachten – bei Anleihen, Währungen

33 Die erste akademische Studie haben im Jahr 1993 Narasimhan Jegadeesh und Sheridan Titman veröffentlicht. Seitdem wurde reichlich weiteres Material dazu publiziert – manche Studien zeigen sogar konsistente Momentum-Gewinne bis zurück ins Jahr 1801. Falls Sie sich näher dafür interessieren: Momentum in Imperial Russia, William Goetzmann und Simon Huang, 2015, SSRN-Abstract Nr. 2663482.

und Rohstoffen. Denn Anleger neigen dazu, über einen Zeitraum von ungefähr 12 Monaten *zu wenig auf Nachrichten zu reagieren*. Über kürzere (weniger als 1 Monat) und längere (mehr als 3 Jahre) Zeiträume dagegen neigen sie zu *Überreaktionen* auf Nachrichten. Bei den meisten wissenschaftlichen Studien über Momentum beträgt der Beobachtungszeitraum 12 Monate, wobei der jüngste Monat außer Acht gelassen wird. Innerhalb dieses Einjahreszeitraums verhalten sich viele Menschen wie der Frosch im Topf: Entweder erkennen sie nicht, wie schlecht es einem Unternehmen wirklich geht, oder sie übersehen, wie gut es ihm geht. Momentum hilft dabei, diese psychologische Verzerrung, die viele von uns betrifft, zu überwinden.

Momentum hält uns nicht nur davon ab, in die Value-Falle zu tappen oder im Topf gekocht zu werden, es hilft auch dabei, Aktien auszuwählen, die kurz davor stehen, bald wieder ihren inneren Wert zu erreichen. Risikoarme Aktien mit attraktivem Income zu kaufen, wenn andere Anleger dazu nicht bereit sind, kann eine kluge Entscheidung sein. Aber wenn Sie mit einer solchen Investition Gewinne machen wollen, brauchen Sie Unterstützung: Nur wenn auch andere Anleger das Potenzial erkennen und deshalb ebenfalls anfangen, diese Aktien zu kaufen, wird der Kurs zulegen und Momentum entstehen. Was sollten Sie also tun, wenn Sie gern Aktien mit stabil hohem Income kaufen, aber nicht über die nötige Geduld verfügen? Nun, sorgen Sie einfach dafür, dass Sie nur Aktien nehmen, die zusätzlich ein überzeugendes Momentum haben.

Momentum und Income sind eine bemerkenswert mächtige Kombination, denn sie zeigen Ihnen, wie Sie die richtige Aktie zum richtigen Zeitpunkt kaufen. Mit dieser Erkenntnis endet die Suche nach einer Methode zur Verbesserung unserer Niedrigrisiko-Strategie. Wir können jetzt festhalten, dass es zwei Zutaten braucht, um eine bereits gute Strategie mit niedriger Volatilität noch weiter zu verbessern: Man muss prüfen, ob das Income der risikoarmen Aktie gut ist und ob sie zuletzt eine »Gewinner-«, also Momentum-Aktie war. Ich bin sicher, dass Sie es jetzt kaum noch erwarten können, die Ergebnisse einer solchen verbesserten Strategie der niedrigen Volatilität zu erfahren. Also würde ich vorschlagen, dass Sie schnell zur nächsten Seite umblättern.

Kapitel 9: Aller guten Dinge sind drei

Aller guten Dinge sind drei: Um ein Aktienportfolio mit hohen Renditen und niedrigem Risiko zusammenzustellen, brauchen Sie nur niedrige Volatilität sowie gutes Income und Momentum. Aber glauben Sie mir das bitte nicht einfach so, sondern überprüfen Sie diese Behauptung selbst, indem Sie sie einem strengen Fakten-Check unterziehen. Gehen wir also noch einmal zurück zu den Tabellen, die wir in Kapitel 3 verwendet haben, und machen noch ein paar zusätzliche Analysen.

Um Ihre Erinnerung ein wenig aufzufrischen: In Kapitel 3 haben wir simuliert, wie hoch der Wert von zwei Anlageportfolios am 1. Januar 2015 gewesen wäre, wenn wir am 1. Januar 1929 die Summe von 100 Dollar entweder in einen Korb aus Aktien mit niedriger Volatilität oder in einen Korb aus Aktien mit hoher Volatilität investiert hätten. Die Grundlage für diese beiden Portfolios war ein Universum der 1000 größten Aktien, die in jedem Quartal dieses gesamten Zeitraums verfügbar waren.

Jedes Quartal haben wir diese Aktien nach ihrer Volatilität in den jeweils zurückliegenden drei Jahren sortiert und für das Portfolio mit niedriger Volatilität die 100 am wenigsten volatilen Aktien sowie für das Portfolio mit hoher Volatilität die 100 volatilsten Aktien gekauft. Aktien in einem der beiden Portfolios, die unsere Kriterien nicht mehr erfüllten (weil ihre

Volatilität nicht mehr niedrig bzw. hoch genug war), wurden verkauft und durch neue Aktien mit niedriger oder hoher Volatilität ersetzt. Nachdem wir 86 Jahre lang in diese Portfolios investiert hatten, hatte das Portfolio mit hoher Volatilität einen Wert von »nur« 21.000 Dollar, das mit niedriger Volatilität dagegen wuchs auf 395.000 Dollar an. Das ist ein ziemlich »befriedigendes« Ergebnis, wenn man bedenkt, dass wir die Aktien nur auf der Basis niedriger Volatilität ausgewählt hatten. Und damit genug der Auffrischung.

Aber können wir ähnliche Portfolios auch zusammenstellen, wenn wir dabei zusätzlich Income und Momentum berücksichtigen? Kein Problem. Sie erinnern sich ja, dass wir Aktien mit niedriger Volatilität auswählen wollen, die zugleich attraktive Eigenschaften bezüglich Income und Momentum aufweisen. Also sollten wir uns zunächst auf die Volatilität konzentrieren und dann auf Income und Momentum. Unser Ausgangspunkt dafür ist dasselbe Universum, das wir schon vorher genutzt haben – die 1000 zum jeweiligen Zeitpunkt verfügbaren größten US-Aktien. Wir berechnen die historische Volatilität jeder dieser Aktien und schließen die 500 Aktien mit der höchsten Volatilität einfach aus. Diese Gruppe können Sie schlicht vergessen, denn von nun an machen wir nur noch mit den 500 am wenigsten volatilen Aktien weiter.

Alle Aktien in dieser Gruppe haben gemeinsam, dass sie eine relativ niedrige Volatilität aufweisen. Aber nicht alle von ihnen zeichnen sich auch durch hohes Income oder positives Momentum aus. Manche haben hohes Income, aber ein schreckliches Momentum, während andere von positivem Momentum und schwachem Income charakterisiert sind. Wie sollen wir damit umgehen?

Nun, wir bilden zunächst einmal wieder Ranglisten – wir sortieren die 500 wenig volatilen Aktien einmal nach ihrem

Income und einmal nach ihrem Momentum über 12 Monate. Jede von ihnen bekommt auf dieser Grundlage für beide Faktoren jeweils einen Punktwert (von 1 bis 500). Dann führen wir die beiden Listen zusammen, indem wir die Punkte für Income und Momentum jeder Aktie addieren, und kaufen schlicht die obersten 100 Aktien auf dieser neuen Liste. Eine Aktie mit einer Spitzenposition wird dann 1) niedrige Volatilität, 2) hohes Income und 3) gutes Momentum aufweisen. Auf Lateinisch heißt es »omne trium perfectum« – aller guten Dinge sind drei (manchmal spricht man auch von der Dreier-Regel). Die Millennials unter den Lesern dieses Buchs mögen vermutlich lieber Bilder als Worte. Für sie fasse ich die Formel, mit der wir das auswählen, was ich als die besten »konservativen« Aktien bezeichnen möchte, mit Hilfe der Schildkröte gerne noch einmal in einer Abbildung zusammen:

Abbildung 9.1: Die Formel für konservative Aktien

Mit den kombinierten Ranglisten können wir sicherstellen, dass eine Aktie, die zwar hohes Income bietet, aber schreckliches Momentum, nur irgendwo in der Mitte landet. Über die Mathematik hinter dieser Kombinationsliste müssen Sie sich keine großen Gedanken machen, denn sie ist ziemlich einfach: Wenn eine Aktie bezüglich Income auf Rang 1 steht und beim Momentum auf Rang 499, kommt sie insgesamt nur auf Platz 250 und gilt somit nicht als eine der attraktivsten. Je besser ein Unternehmen bei der Kombination von Income und Momentum abschneidet, desto höher ist ihre Position auf der Gesamt-Rangliste.

Der letzte Schritt in unserem Prozess zur Portfoliokonstruktion ist einfach und leicht. Alle 500 Aktien mit niedriger Volatilität werden vom obersten Platz 1 (mit guten Werten für Income wie Momentum) bis zum letzten Platz (mit schwachen Werten für beide Merkmale) sortiert. Anschließend kaufen wir einfach die obersten 100 Aktien mit der besten kombinierten Bewertung. Das war es schon.

Ist doch einfach, oder? Als erstes bringen wir 1000 Aktien in eine Rangfolge nach möglichst niedriger Volatilität. Die obersten 500 Aktien in dieser Liste werden dann noch einmal nach Income und Momentum sortiert, danach kaufen wir für unser Portfolio schlicht die obersten 100 Aktien auf der darauf basierenden Gesamtrangliste. Der Name dieses Portfolios? Natürlich könnten wir ihm eine schicke Bezeichnung wie »niedrige Volatilität/hohes Income/gutes Momentum«-Portfolio geben; ich möchte mich aber lieber an der Formel in Abbildung 9.1 orientieren und es einfach »konservatives Portfolio« nennen. Warum? Nun, die Formel bevorzugt risikoarme Unternehmen, die ihr Kapital »konservativ« einsetzen, denn sie zahlen lieber Geld an ihre Aktionäre aus, als es für eigene Aktivitäten auszugeben. Auch mit Blick auf das Timing ist die Formel »konservativ«: Aktien kommen nur dann ins Portfolio, wenn sich ihr Momentum verbessert, weil andere Anleger begonnen haben, ihren Kurs nach oben zu treiben.

Wie Abbildung 9.2 demonstriert, ist die Ergänzung unseres risikoarmen Portfolios um die Aspekte Income und Momentum die Grundlage für ein überlegenes Portfolio. Das Paradox wird hier sogar noch ausgeprägter. Das Portfolio zeichnet sich durch sehr attraktive Renditen im Zeitraum 1929 bis 2015 aus. Schon in der Großen Depression beginnt es sich auszuzahlen, auch Income und Momentum der wenig volatilen Aktien zu berücksichtigen – unser neues Portfolio aus konservativen Aktien zeigt ganz von Anfang an eine bessere Performance als das ursprüngliche Portfolio, das allein auf dem Kriterium niedrige Volatilität basierte. Nach den ersten paar Jahren wird der Unterschied beim Wert von konservativem und lediglich wenig volatilem Portfolio immer größer, und so geht es von da an in jedem Jahrzehnt weiter. Bis wir das Jahr 2015 erreicht haben, ist das konservative Portfolio schon mehr als 21 Millionen Dollar wert – 53-mal so viel wie das Portfolio mit niedriger Volatilität. Das ist ein ziemlich »befriedigendes« Ergebnis, würde ich sagen.

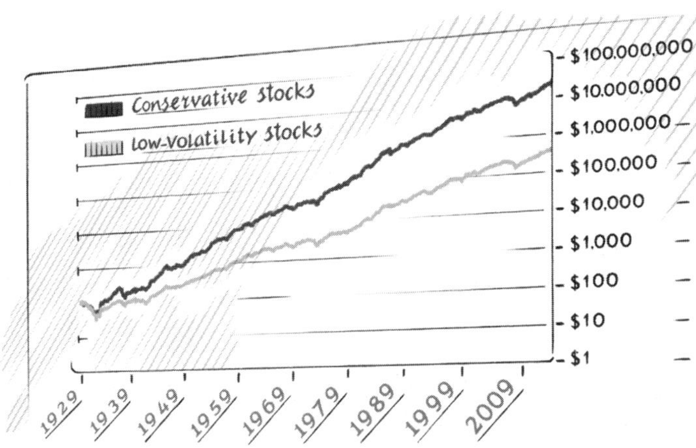

Abbildung 9.2: Konservative Aktien vs. risikoarme Aktien

Wenn die Erweiterung eines Portfolios aus Aktien mit niedriger Volatilität um die Aspekte Income und Momentum so überzeugende Ergebnisse liefert, wie hätte dann ein Portfolio abgeschnitten, das in stark volatile Aktien mit wenig Income und schwachem Momentum investiert? Nun, auch das können wir uns ansehen. Dazu habe ich ein anderes Portfolio erstellt, indem ich zunächst die 500 Aktien mit der höchsten Volatilität in unserem Universum ausgewählt habe. Im nächsten Schritt sortiere ich diese Aktien zunächst nach Income und dann nach Momentum, und berechne dann auf dieser Grundlage wieder ihren Gesamtrang. Abschließend stelle ich ein »schlechtes« Portfolio zusammen, das in die 100 Aktien mit den niedrigsten Plätzen auf dieser Liste investiert. Um es kurz zu machen: Das Portfolio investiert in Aktien mit hoher Volatilität, die zusätzlich teuer sind und schlechtes Momentum haben. Wie wollen wir dieses Portfolio nennen?

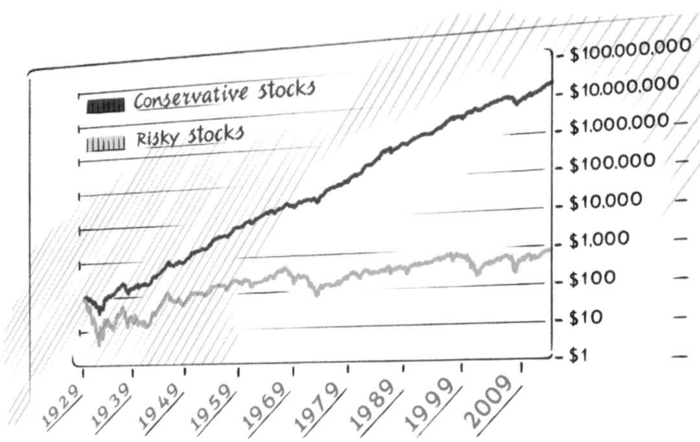

Abbildung 9.3: Das riskante Portfolio macht Sie nicht reich

Wenn ich mir die Grafik in Abbildung 9.3 ansehe, würde ich sagen, ein passender Name dafür wäre »riskantes Portfolio«. Riskant ist es, weil von den 100 Dollar, die Sie am 1. Januar 1929 investieren, während der Großen Depression rasch nur noch 10 Dollar übrig sind. Diese Verluste aufzuholen und erste positive Renditen einzufahren, dauert dann zunächst einmal 15 (!) Jahre. Aber selbst das ist nur vorübergehend, und die Freude darüber hält letztlich nicht lange an: 45 Jahre (!) nach dem Beginn des Portfolios fällt sein Wert erneut unter 100 Dollar. Nach 86 Jahren liefert es dann zugegebenermaßen doch noch einen gewissen »Gewinn«, denn sein Endwert am Neujahrstag 2015 liegt knapp über 750 Dollar. Dass ich Gewinn hier in Anführungszeichen setze, hat nichts damit zu tun, dass ich zynisch wäre. Es hängt eher mit der Definition dieses Wortes zusammen: Sie haben zwar tatsächlich eine Art Gewinn von 650 Dollar gemacht, doch wenn man das inflationsbereinigt in realen Dollar ausrechnet, zeigt sich ein anderes Bild.

Inflation zerstört die Kaufkraft Ihres Geldes. Mit anderen Worten: Für 100 Dollar können Sie im Jahr 2015 weniger kaufen, als Sie es 1929 konnten. Tatsächlich hatten 100 Dollar im Jahr 1929 dieselbe Kaufkraft wie 1373 Dollar im Jahr 2015.[34] Der Wertzuwachs von 100 Dollar auf 750 Dollar gleicht also nicht einmal die Inflation aus. Um zumindest nichts verloren zu haben, hätte das Portfolio auf 1373 Dollar zulegen müssen; die bis 2015 tatsächlich erreichten 750 Dollar bedeuten damit einen Kaufkraftverlust von 45 Prozent im Vergleich zu 1929. Das würde ich als realen Verlust bezeichnen.

Niedrigere Volatilität, hohes Income und gutes Momentum sind zusammengenommen drei hoch wirksame Zutaten, die einen gewaltigen Unterschied für Ihr Gesamtvermögen bedeuten können. Und Sie müssen nicht unbedingt 86 Jahre warten, bis sie von diesem mächtigen Trio profitieren können.

Schauen Sie einfach nochmal auf Abbildung 9.3. Schon nach zwei Jahrzehnten unterscheidet sich der Wertzuwachs beim konservativem und beim riskanten Portfolio enorm. Am Neu-

34 Siehe http://www.dollartimes.com/inflation/inflation.php?amount=100&year=1929 – dort können Sie den Kaufkraftverlust im Zeitverlauf ausrechnen.

jahrstag 1949 hätten Sie mit einer Anlage im konservativen Portfolio bereits einen »Tenbagger«[35] eingestrichen, während Sie mit dem riskanten Portfolio noch immer in der Verlustzone gelegen hätten. Investieren in konservative Aktien ist eine langfristige Gewinnerstrategie: Die durchschnittliche aufgezinste Rendite dieses Portfolios beträgt über den gesamten Zeitraum 15 Prozent pro Jahr.

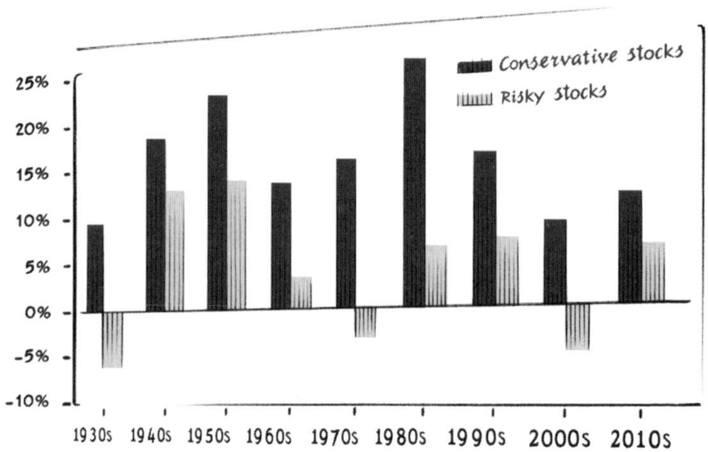

Abbildung 9.4: Konservative Aktien: Kein einziges verlorenes Jahrzehnt

Abbildung 9.4 zeigt die Rendite in den einzelnen Jahrzehnten, für das konservative und das riskante Portfolio. Das konservative Portfolio schneidet in jedem der Jahrzehnte besser ab als das riskante – eine 100-prozentige Siegesquote also,

35 Dies ist Börsenjargon für eine Geldanlage, bei der sich der Kurs gegenüber dem Einstiegspreis verzehnfacht. Geprägt wurde der Ausdruck von dem legendären Fondsmanager Peter Lynch in seinem Buch »One Up on Wall Street«. Lynch kam darauf, weil er ein begeisterter Baseball-Fan war. In diesem Sport ist »Bag« ein anderer Ausdruck für die »Base«, von der aus die Spieler ihren Lauf starten. »Tenbagger« steht somit für zwei Home-Runs und einen Double, also einen enorm erfolgreichen Spielzug.

erreicht mit niedrigerem Risiko. Das Anlageparadox bleibt im Zeitverlauf bestehen. Ob während der Großen Depression, in den wilden 1960er Jahren oder in den großartigen Neunzigern, als der Aktienmarkt boomte: Stets waren die Renditen des konservativen Portfolios höher und stabiler, mit einem Mittelwert von ungefähr 15 Prozent. In den 1980er Jahren lag die Rendite über 20 Prozent, in den 2000-ern, in denen es zwei massive Korrekturen am Aktienmarkt (2001 und 2008) gab, erreichte sie immer noch knapp 10 Prozent. Die Renditen des riskanten Portfolios waren wie erwartet viel schwächer und lagen im Durchschnitt des gesamten Zeitraums bei rund 3 Prozent. Besonders niedrig waren sie in schwierigeren Jahrzehnten wie den 1930er und den 2000er Jahren.

Die Renditedifferenz beträgt atemberaubende 12 Prozentpunkte pro Jahr. Dies ist nicht nur ein sehr großer Unterschied, sondern auch ein robuster oder, wie Statistiker sagen, »signifikanter«.[36] Signifikant bedeutet in diesem Zusammenhang: Die Wahrscheinlichkeit dafür, dass dieses Ergebnis reiner Zufall sein könnte, ist sehr gering. In diesem Fall liegt sie bei 1 in 1 *Trillion* (10 hoch 18) Fälle.

Werfen wir noch einen weiteren Blick auf die Statistik. Bitte schauen Sie auf Abbildung 9.4: Wie hoch ist die Wahrscheinlichkeit, dass man als Folge eines Hai-Angriffes stirbt? Im Jahr 2014 ist es 3 Menschen in einer Gesamtbevölkerung von 7 Milliarden so ergangen. Damit ergibt sich eine Wahrscheinlichkeit von 1 zu 2,3 Milliarden dafür, dass Sie in einem beliebigen Jahr durch einen Hai-Angriff sterben, oder eine noch geringere

36 Um die Renditen beider Portfolios einander auf vergleichbarer Basis direkt gegenüberzustellen, skaliert man das konservative Portfolio hoch und das riskante Portfolio herunter und muss zusätzlich die Finanzierungskosten berücksichtigen. Als Ergebnis bekommt man so einen t-Wert von 9,4, also deutlich über dem kritischen Niveau von 2,0. Um diesen Wert in einen Praxis-Zusammenhang zu stellen: Ein t-Wert dieser Höhe entspricht einer Wahrscheinlichkeit von 1 zu 1 *Trillion*.

Wahrscheinlichkeit von 1 zu 850 Milliarden an irgendeinem Tag. Die Wahrscheinlichkeit für eine solche Tragödie ist also äußerst gering, aber immer noch 1 Million Mal höher als die Wahrscheinlichkeit dafür, dass die Renditedifferenz zwischen unserem konservativen Portfolio und dem riskanten auf bloßen Zufall zurückzuführen ist. Tatsächlich ist angesichts der sehr signifikanten Ergebnisse sogar die Wahrscheinlichkeit dafür, dass Sie gleich morgen von einem Hai totgebissen werden, höher als die Wahrscheinlichkeit dafür, dass die Mehrrendite für das konservative Portfolio nur Zufall war. Wer hat gesagt, dass Statistik nicht interessant sein kann?[37]

Abschließend: Was passiert, wenn wir das konservative Portfolio mit dem Durchschnitt des gesamten Aktienmarkts vergleichen? Wir wissen, dass man nicht zu viel vergleichen sollte, aber machen wir es trotzdem mal. Im Durchschnitt ist auch in diesem Fall das konservative Portfolio besser als die »Benchmark« und liefert eine höhere Rendite bei niedrigerem Risiko. Der Unterschied bei der jährlichen Rendite beträgt 4 Prozentpunkte. Durch die Macht des Zinseszins-Effekts führt dieser Rendite-Unterschied zu einem Wert von 21 Millionen Dollar für das konservative Portfolio gegenüber nur

37 Lassen Sie mich dieses Ergebnis kurz in den Kontext einer aktuellen und noch laufenden Diskussion in der Welt der Forschung stellen. Die führenden Fachzeitschriften werden sich zunehmend des Problems der sogenannten »falschen Positiven« bewusst und gehen aufmerksamer damit um – gemeint sind Ergebnisse, die signifikant zu sein *scheinen*, es in Wirklichkeit aber nicht sind. Den meisten Forschern ist daran gelegen, signifikante Ergebnisse zu veröffentlichen. Dadurch haben sie einen deutlichen Anreiz, nach Daten zu »fischen«, also alles Mögliche anzustellen, um einen scheinbar robusten t-Wert zu bekommen. Dieses nachvollziehbare menschliche Verhalten ist eine ernsthafte Bedrohung für die Qualität der Wissenschaft, weil es dazu führt, dass viele Studienergebnisse nicht repliziert werden können. Die offensichtlichste Lösung für dieses Problem liegt darin, schlicht die Latte höher zu legen. Campbell R. Harvey zum Beispiel, ein früherer Redakteur beim Journal of Finance, spricht sich dafür aus, den kritischen t-Wert bei der Bewertung von Anlagestrategien von 2 auf 4 zu erhöhen.

870.000 Dollar für das Gesamtmarkt-Portfolio. Sie sehen: Aller guten Dinge sind wirklich drei!

Die konservativen Aktien schlagen also riskante Aktien ebenso wie den Marktdurchschnitt. Aber über was für eine Art von Aktien sprechen wir hier eigentlich? Damit Sie ein besseres Gefühl und Verständnis für das Anlageparadox bekommen, nehme ich Sie jetzt mit auf eine Safari, bei der wir die Schildkröten und die Hasen des Aktienmarkts suchen.

Abbildung 9.5: Dass Sie morgen von einem Hai getötet werden, ist wahrscheinlicher, als dass das Anlageparadox nicht wirklich existiert

Kapitel 10: Schildkröten und Hasen erkennen

Wie also sehen diese attraktiven konservativen Aktien konkret aus? Welche Art von Geschäften betreiben die Unternehmen dahinter, und in welchen Branchen sind sie tätig? Und ist es möglich, für das eigene Vermögen tödliche Aktien, die man auf keinen Fall im Portfolio haben sollte, zuverlässig zu entdecken? In diesem Kapitel werde ich Sie näher über die Schildkröten und die Hasen auf dem Aktienmarkt informieren.

Bevor ich damit anfange, möchte ich Ihnen aber noch etwas über ein Risikomaß erzählen, das neben Volatilität ebenfalls häufig verwendet wird: Beta. Beta ist eine weithin genutzte Kennzahl, die angibt, welches Risiko eine Aktie aufweist und wie viel sie zum Risiko des Gesamtmarktes beiträgt. Beta hat Ähnlichkeit mit der Volatilität, lässt sich aber einfacher erfassen: Eine Aktie mit einem Beta unter 1 hat ein niedriges Risiko, eine Aktie mit einem Beta über 1 ein hohes Risiko. Ein Beta von 1,5 bedeutet, dass eine Aktie um 15 Prozent steigen dürfte, wenn der Gesamtmarkt um 10 Prozent zulegt. Andersherum wird eine Aktie mit einem Beta von 0,5 nur um 5 Prozent steigen, wenn der Markt 10 Prozent gewinnt. Risikoreiche Aktien haben also ein Beta von mehr als 1. Das kann man sich leicht merken, oder?

Beta ist als Risikomaß leichter zu verwenden als die Volatilität, weil es so einfach zu verstehen ist. 25 Prozent Volatilität kann viel oder wenig sein – das hängt von der Volatilität der anderen Aktien an einem Markt ab. Wenn an der Börse zum Beispiel

Panik und Krisen herrschen, kann die Volatilität aller Aktien ziemlich hoch werden. In solchen Zeiten gehört eine Aktie mit 25 Prozent Volatilität möglicherweise zu den risikoarmen, während in weniger stressigen Börsenzeiten – etwa in einem Bullenmarkt – das Gesamtniveau der Volatilität recht niedrig sein kann, sodass eine Aktie mit 25 Prozent Volatilität als risikoreich einzustufen wäre. Mit anderen Worten: Volatilität ist zeitabhängig, genau wie das Wetter. Bei Beta ist die Interpretation einfacher und im Zeitverlauf stabiler. Eine risikoarme Aktie hat ein Beta unter 1, und das war es. Die meisten Finanzzeitungen und -webseiten geben den Beta-Wert von Aktien an. Aber keine Sorge: Das Anlageparadox behält seine Gültigkeit, egal ob Sie mit Beta arbeiten oder mit Volatilität.[38]

Werfen wir jetzt einen Blick auf einige gut bekannte, internationale Aktien, zu sehen in Tabelle 10.1. Die Tabelle zeigt jeweils die größten Unternehmen in den USA, Deutschland, Japan und China (Hongkong), also insgesamt 20 Aktien, sowie verbreitete Kennzahlen dazu.

Für jede dieser Aktien ist das Beta angegeben, das um den Wert 1 herum schwankt. Außerdem zeigt die Tabelle die Dividendenrendite und die Kursveränderung in den vergangenen 52 Wochen. Wie in Kapitel 8 erklärt, steht die Dividendenrendite für die Höhe der vom Unternehmen an seine Aktionäre gezahlten Dividende im Verhältnis zum Aktienkurs.[39] Bei diesem Indikator ist, anders als beim Beta, ein hoher Wert besser als ein niedriger. Die Kursveränderung über 52 Wochen ist ganz einfach, denn sie zeigt schlicht die Kursentwicklung.

38 Das Anlageparadox zeigt sich auch dann, wenn man Aktien nach dem Beta sortiert, wobei die Ergebnisse bei einer Sortierung nach der Volatilität etwas deutlicher sind. Warum das so ist, hat die Forschung noch nicht geklärt.

39 Die Dividendenrendite macht üblicherweise den größten Teil des bei den Aktionären anfallenden Income aus. Da die meisten Datenlieferanten diesen Wert nennen, benutzen wir ihn hier als unsere beste Annäherung an das Gesamt-Income.

Land – Name des Unternehmens	Beta	Dividendenrendite (in %)	Veränderung Kurs 1 Jahr (in %)
USA			
Apple	0,9	1,7	27
Alphabet	0,9	0,0	35
Microsoft	1,0	2,7	10
Berkshire Hathaway	0,8	0,0	-1
Exxon Mobil	0,9	3,3	6
Deutschland			
SAP	0,8	1,6	8
Siemens	0,9	3,6	3
Bayer	1,0	2,9	-33
Deutsche Telekom	0,7	3,4	2
Daimler	1,5	5,3	-28
Japan			
Toyota Motor	1,1	3,7	-34
NTT Docomo	0,6	2,6	23
Japan Tobacco	0,9	2,6	-3
KDDI Corp	0,8	2,0	14
Mitsubishi UFJ	1,6	3,4	-42
Hongkong			
China Mobil	0,5	3,3	-14
ICBC	1,4	6,8	-39
Tencent Holdings	1,1	0,3	9
PetroChina	1,0	2,0	-42
China Construction Bank	1,2	6,6	-36

Tabelle 10.1: Die größten Aktien der USA, Deutschlands, Japans und Chinas – Juni 2016

Im Vergleich mit der Entwicklung von anderen Aktien betrachtet, wird diese als Momentum bezeichnet. Wir nutzen für unseren Rückblick einen Zeitraum von einem Jahr, weil dieser in den meisten Studien über Momentum verwendet wird und weil das Signal dann stabiler ist als bei kürzeren Betrachtungszeiträumen (wie zum Beispiel sechs Monate), sodass das Portfolio seltener angepasst werden muss. Trotzdem ist diese Kennzahl die am wenigsten stabile und kann sich innerhalb eines Jahres vollkommen verändern. Das bedeutet, dass die konkreten 52-Wochen-Kursveränderungen stets nur eine Momentaufnahme sind, die vor allem zur Veranschaulichung dient ist und nicht etwa als Anlageempfehlung zu verstehen ist.

Was können wir über diese 20 Schwergewichte sagen? Eine Menge. Konzentrieren wir uns zunächst auf eine der großen US-Aktien – Apple. Dieses Unternehmen hat ein Beta von unter 1, zahlt eine Dividende und weist ein positives Momentum auf. Zum Betrachtungszeitpunkt ist es also ziemlich stabil. Und welches ist die beste risikoarme Aktie auf der Liste? Um die Antwort auf diese Frage zu bekommen, muss man sich nur das Beta jeder Aktie ansehen und daran denken, dass weniger als 1 ein guter Wert ist. Berkshire Hathaway hat ein Beta unter 1. Außerhalb der USA sieht China Mobile mit einem Beta von 0,5 gut aus. Aber ist das auch eine konservative Aktie? Vielleicht, aber nicht zurzeit. Die Dividendenrendite des Unternehmens ist mit 3,3 Prozent in Ordnung, aber das Momentum ... Nun, es ist gar nicht *so* schlecht, aber auch nicht positiv.

Gehen wir die Sache jetzt andersherum an. Können Sie die riskanteste Aktie auf der Liste entdecken? Das ist einfach. Mit 1,6 beziehungsweise 1,5 haben Mitsubishi und Daimler hohe Betas. Diese risikoreichen Unternehmen zahlen ansehnliche Dividenden, doch ihr Momentum ist eindeutig negativ. Aufgrund des Risikos und des schlechten Momentums erfüllen die beiden Aktien unsere konservativen Kriterien also nicht. Zum gewählten Stichtag müssten sie als Hasen bezeichnet werden. Wenn Sie sie in der Vergangenheit gekauft hätten, hätten Sie inzwischen vielleicht schon wieder verkauft, weil zwei der drei Zutaten negative Signale senden. Dafür sehen zwei große japanische Aktien überzeugend aus: NTT und KDDI schneiden bei allen drei Kriterien gut ab.

Und was kommt als Nächstes? Sollten wir uns nur diese 20 großen Unternehmen ansehen und einfach die besten davon auswählen, auf der Grundlage von Beta, Dividendenrendite und Momentum? Nein, ich habe eine viel bessere Idee! Statt uns nur auf die größten zu konzentrieren, fangen wir einfach mit *allen* börsennotierten Unternehmen auf den vier Märkten an.

Diese Vorgehensweise hat drei Vorteile. Erstens ist die Wahrscheinlichkeit dafür, dass wir in jedem der Länder einige attraktive Aktien finden, höher, wenn wir aus tausenden von Aktien auswählen können statt nur aus zwanzig großen. Zweitens kann man für das Ausfiltern die aktuellsten Aktiendaten vornehmen, die verfügbar sind. Und drittens bekommt man so genügend Flexibilität, um die Schildkröten und Hasen in jedem beliebigen Markt oder Sektor zu entdecken.

Und machen Sie sich keine Sorgen, wenn Sie in keinem dieser vier Länder leben. Ich zeige Ihnen gern, wie Sie ein konservatives Aktienportfolio auch dann zusammenstellen können, wenn sie aus einem anderen Land wie Brasilien, Südkorea oder den Niederlanden sind. Jetzt also haben Sie erfahren, wie Schildkröten aussehen. Als Nächstes werde ich Ihnen genau erklären, wie man sie fängt.

Kapitel 11: Alles in feine Scheiben schneiden

Wie können wir diese stabilen Schildkröten fangen? Wie finden wir die richtigen konservativen Aktien für unser Portfolio? Sollten wir dazu Risiko, Income und Momentum jeder Aktie berechnen und dann alles in eine Rangfolge bringen, so wie wir es in Kapitel 9 gemacht haben? Im Idealfall ja, aber das würde »etwas« Arbeit bedeuten. Eine nicht ganz so aufwendige und zeitraubende Alternative steht in Form von sogenannten Aktien-Screenern zur Verfügung.

Aktien-Screener sind Werkzeuge, mit denen Anleger diejenigen Aktien finden können, die bestimmten Anforderungen entsprechen. Sie enthalten die neuesten Marktdaten und sind leicht zu verwenden. Man gibt einfach an, für welche Merkmale von Aktien man sich interessiert und auf welchen Märkten sie zu finden sein sollen. Beispielsweise kann man nach in den USA notierten Aktien filtern, die eine Dividendenrendite von mehr als 4 Prozent haben. Der Aktien-Screener wirft dann eine Liste von Unternehmen aus, die diese Kriterien erfüllen. Solche Hilfsmittel sind vielerorts verfügbar. Einige von ihnen gibt es als eigene Software, die meisten aber sind online zu finden.[40]

40 Wenn Sie ein Depot bei einem Online-Broker haben, können Sie den Screener dieses Brokers verwenden. Zusätzlich finden Sie auf der Website www.paradoxinvesting.com einen Überblick über unterschiedliche Aktien-Screener im Internet.

Die meisten dieser Screener sind ziemlich gut darin, ein Universum nach Aktien mit gutem Income oder Momentum zu filtern. Für Income- oder Momentum-orientierte Anleger gibt es eine reiche Fülle an Kennzahlen, Variablen und Merkmalen, die als Kriterium dienen können. Für Anleger, die Wert auf niedriges Risiko legen und deshalb nach Kennzahlen für Beta oder Volatilität suchen, ist der Werkzeugkasten schon kleiner. Nur einige wenige Screener ermöglichen auch das Filtern nach Beta. Doch gerade die Tatsache, dass Aktien-Screener den Risikocharakteristika von Aktien ebenfalls keine große Aufmerksamkeit widmen, kann ein weiterer Grund dafür sein, dass risikoarmes Investieren funktioniert. Offenbar konzentrieren sich Anleger nur selten auf das Risiko von Aktien, und die meisten Aktien-Screener sind dabei gar keine Hilfe.

Doch zurück zu unseren Screenern. Probieren wir einfach ein paar davon aus und starten wir zunächst den Motor eines ganz anständigen: Google Stock Screener.[41] Für diesen habe ich mich aus mehreren Gründen entschieden. Erstens ist er einfach zu benutzen. Auf der Website müssen Sie lediglich die gewünschten Filter auswählen und die richtigen Schwellenwerte dafür einstellen (Maximum- oder Minimum-Kriterien), und schon zeigt dieser Screener automatisch die passenden Unternehmen an. Außerdem ist er international – während andere Aktien-Screener nur das US-Aktienuniversum berücksichtigen, lässt sich Google Stock Screener für jeden beliebigen Markt einsetzen. Deshalb ein kurzer Hinweis an japanische Leser: *Anata wa, Nihon no zyouzyou meigarachuu mottomo anteishiteiru meigaragun o sentaku surutameni, Nihon no yunibāsu o sentaku suru koto mo dekimasu.*[42] Drittens ist die Datenabdeckung von Google umfangreich. So ist auch Beta als Kriterium verfügbar, und es werden sehr viele unterschiedliche Aktien

41 Zu finden unter https://www.google.com/finance#stockscreener.

42 Übersetzung: Sie können ein japanisches Universum auswählen, um nach den besten konservativen Aktien zu suchen, die in Japan notiert sind.

berücksichtigt. Und zuletzt, was für einen erfahrenen Anleger wie mich nicht unwichtig ist: Die Benutzung dieses Screeners ist kostenlos. Sind Sie bereit? Dann beginnen wir jetzt mit dem Schneiden in feine Scheiben (und ich zeige Ihnen auch gleich, wie man das geschickt anstellt ...).

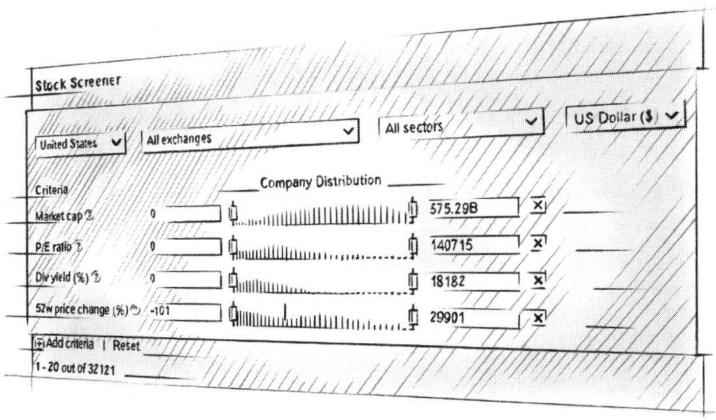

Abbildung 11.1: Google Stock Screener – Copyright: Google

Wie die Bildschirmansicht des Screeners in Abbildung 11.1 zeigt, hat Googles Online-Werkzeug eine übersichtliche Bedienoberfläche. Im oberen Teil können Sie sehen, dass es in der Voreinstellung auf Aktien aus allen Sektoren angewendet wird, die an den US-Börsen notiert sind. Wenn Sie daran etwas verändern und zum Beispiel nach bestimmten Ländern, Sektoren oder Börsen filtern wollen, können Sie das über die entsprechenden Drop-down-Menüs tun. Einstweilen aber bleiben wir bei der Standard-Einstellung für das Universum, wie sie in der Abbildung zu sehen ist.

Voreingestellt sind bei Google vier Kriterien: Marktkapitalisierung, Kurs-Gewinn-Verhältnis (P/E), Dividendenrendite und

Kursveränderung in den letzten 52 Wochen. Wenn Sie wissen wollen, wie die einzigen Kriterien definiert sind, müssen Sie nur den Mauszeiger über das Fragezeichen dahinter halten, um Informationen dazu angezeigt zu bekommen. Bei dem Start-Bildschirm des Screeners wurde noch kein Filter angewendet, sodass für Maximal- und Minimalwerte jeweils die niedrigsten und höchsten überhaupt möglichen eingetragen sind. Als Folge davon listet der Screener mehr als 32.000 Aktien auf – den gesamten US-Aktienmarkt eben. Neben der vier vorgegebenen Kriterien können Sie als Risiko-Kriterium das Beta hinzufügen, zu finden unter »stock metrics«, und um Penny-Stocks auszuschließen, außerdem das Kriterium »last price« (letzter Kurs).

Damit haben wir schon einmal die richtigen Kennzahlen für die Suche nach konservativen Aktien ausgewählt und müssen jetzt noch die passenden Einstellungen vornehmen. Kümmern wir uns zunächst um all die Penny-Aktien und Aktien mit überdurchschnittlichem Beta. Wenn wir in den Feldern rechts als Mindestkurs 1 Dollar eingeben und als maximales Beta 1,0, fällt die Zahl der Aktien schon deutlich von gut 32.000 auf 13.000. Das ist ein guter Anfang, doch die Liste ist immer noch lang. Also hat es Sinn, zusätzlich einen Filter für die Mindest-Marktkapitalisierung zu verwenden, sodass Aktien mit geringem Börsenwert ausgeschlossen sind. Ausschließen lassen sie sich, indem wir den Filter für die Marktkapitalisierung auf 1 Milliarde Dollar stellen. Dadurch sinkt die Zahl der Aktien weiter auf etwa 5000.[43] Wie Sie sehen, nähern wir uns mit nur ein paar Klicks und wenigen Eingaben

43 Mit einem Filter für die Mindest-Marktkapitalisierung zu arbeiten, ist am wichtigsten für professionelle Anleger wie zum Beispiel Fondsmanager. Denn die meisten dieser Anleger müssen darauf achten, dass sie nur solche Aktien wählen, die leicht zu handeln sind, also liquide Aktien mit hoher Marktkapitalisierung. Unter der Annahme, dass Ihr Portfolio etwas weniger Volumen hat als ein professionelles, können Sie diesen Wert bedenkenlos auch niedriger ansetzen.

einer Zahl an, die besser zu handhaben ist. Aber es geht noch ein bisschen weiter.

Unsere zwei anderen Zutaten sind Income und Momentum. Nach Rückkäufen kann man nicht filtern, also nehmen wir für Income die Dividendenrendite und wählen einen Wert von mindestens 3 Prozent. Unternehmen mit Dividendenrenditen ab dieser Höhe sind entweder günstig bewertet oder schütten einen relativ großen Teil ihrer Gewinne an die Aktionäre aus. Zudem bietet es sich an, als Maximum für das Kurs-Gewinn-Verhältnis 30 anzugeben, denn das entspricht einer Gewinnrendite von 3 Prozent. Zweitens filtern wir nach dem Momentum. Aber welches Kriterium können wir dafür nutzen? In unseren Simulationen haben wir noch keinen strengen absoluten Filter für das Momentum verwendet, sondern einfach alle Aktien nach ihrer Kursveränderung über ein Jahr von hoch nach niedrig sortiert. Um sich das Leben leichter zu machen, können Sie hier einfach eingeben, dass die Kursentwicklung in den vergangenen 52 Wochen positiv gewesen sein muss.[44] Mit anderen Worten: Stellen Sie den Mindestwert für die Kursveränderung auf 0 Prozent.

Als Folge davon sinkt die Zahl der noch auszuwählenden Aktien weiter von rund 5000 auf etwa 100. Diese verbleibenden Aktien haben das, was nötig ist, damit sie als risikoarme Aktie mit gutem Aufwärtspotenzial gelten können. Die Unternehmen, die man mit diesem Filtervorgang findet, bilden zusammen eine interessante Liste, die sich mit der Zeit verändern wird. Allgemein werden defensive Unternehmen aus defensiven Sektoren darauf erscheinen, zum Beispiel Telekommunikations- und

44 Bitte beachten Sie: Die Zahl der Aktien, die ein Screener für Sie finden wird, hängt auch von den Marktbedingungen ab. Wenn die Börse zum Beispiel abstürzt und die meisten Aktien um 50 Prozent fallen, werden Sie wahrscheinlich weniger Aktien finden, die über die Schwelle von 1 Milliarde Dollar Marktkapitalisierung kommen. Dasselbe Prinzip gilt bei der Kursveränderung über 52 Wochen.

Versorgeraktien. Aber auch einige Technologieaktien werden die Kriterien erfüllen. Feines Schneiden ist zudem eine effektive Methode, um mit Ihren eigenen Emotionen zurechtzukommen. Ein Screener hat keine Vorurteile gegenüber bestimmten Aktien, die Sie durchaus haben könnten. Lassen Sie sich von seinem Ergebnis also einfach überraschen. Weil die Unternehmen, die nach dem Filtern angezeigt werden, nicht bei jedem Durchlauf dieselben sind, würde ich empfehlen, dass Sie diese Analyse einmal selbst vornehmen und sich das Ergebnis ansehen.

Eine interessante Funktion von Google Stock Screener ist, dass man ihn auch auf andere Märkte anwenden kann. Gleichzeitig ist das praktisch, denn auf diese Weise können Sie Ihr Portfolio mit konservativen Aktien aus unterschiedlichen Ländern diversifizieren.[45] Wenn Sie zum Beispiel konservative Aktien aus Japan finden wollen, müssen Sie oben links im Drop-down-Menü des Screeners schlicht »Japan« auswählen. Unter Umständen ist außerdem erforderlich, dass Sie die Vorgaben bei einigen der Kriterien für den von Ihnen gewählten internationalen Markt anpassen – zum Beispiel, wenn Ihnen der Screener ansonsten zu wenige Aktien zur Auswahl vorschlägt. Wenn Sie eine längere Liste wünschen, ist es wahrscheinlich am besten, bei Kriterien wie Marktkapitalisierung, Dividendenrendite oder Momentum weniger streng zu sein. Den Maximalwert für das Beta zu erhöhen, würde ich jedoch nicht empfehlen, denn ein niedriges Risiko ist ja unser wichtigster Aspekt. Denken Sie einfach immer daran, dass wir *konservative* Aktien suchen: risikoarme Aktien, die zugleich attraktives Income und gutes Momentum bieten.

---

45 Das Paradox ist äußerst robust und lässt sich auf allen Aktienmärkten weltweit belegen. Im Jahr 2007 haben David Blitz und ich gezeigt, dass risikoarme Aktien risikoreiche nicht nur in den USA schlagen, sondern auch in Europa und Japan. Ein paar Jahre später, 2011, haben wir ähnliche Ergebnisse für zehn Schwellenländer-Aktienmärkte dokumentiert. Siehe auch Kapitel 16 in diesem Buch (Das Paradox ist überall).

Ratsam ist, Ihre Jagd nach einer größeren Gruppe von Schildkröten auf mehrere Länder auszudehnen, denn wenn Sie nur in ein paar Aktien aus Ihrer Heimat investieren, werden sie bei einem zu wenig diversifizierten Portfolio enden. Ein diversifiziertes Portfolio ist jedoch etwas, auf das Sie wirklich achten sollten. Ich betone das, denn dass Anleger zu wenig diversifizieren, ist ein verbreitetes Phänomen (und Problem). Die meisten Anleger halten konzentrierte Portfolios mit nur wenigen Aktien, die meisten davon aus ihrem Heimatland. Die Folge sind Anlageportfolios, die zu viele *unnötige* Risiken aufweisen. Diversifizierung ist das einzige Kostenlose, das Anleger bekommen können, also ist es wahrscheinlich am besten, wenn Sie sich Ihren Teil davon sichern, indem Sie in mehr als nur eine Handvoll Aktien investieren. Ich würde empfehlen, ein Portfolio zusammenzustellen, das aus mindestens 50 unterschiedlichen Aktien aus mehreren Ländern besteht. Und wenn Sie ein noch größeres Portfolio mit 150 Einzeltiteln aufbauen können, ist das noch besser. Denn wenn es um die Zusammenstellung eines Portfolios mit konservativen Aktien geht, sind 10 zu wenig und 1000 zu viel. Seien Sie also bitte klug und diversifizieren Sie, wenn Sie mit dem feinen Schneiden anfangen. Ich verstehe natürlich, dass es für einen Privatanleger schwierig sein kann, in so viele einzelne Aktien zu investieren, die an so vielen verschiedenen ausländischen Börsen notieren. Noch schwieriger ist es, bei den Aktivitäten all der Unternehmen wie Fusionen, Dividenden-Ausschüttungen, Aktiensplits, Übernahmen und so weiter – wahrscheinlich im Wochenrhythmus – auf dem Laufenden zu bleiben. Obendrein muss das Portfolio regelmäßig neu ausgerichtet werden, weil sich die Merkmale von Aktien mit der Zeit verändern. Häufige Überarbeitungen halten Ihr Portfolio in Form, weil es dann immer aus den besten konservativen Aktien besteht. Aber je häufiger Sie umbauen, desto mehr Provisionen müssen Sie Ihrem Broker bezahlen. Um diese gegenläufigen Kräfte zum Ausgleich zu bringen, sollten

Sie Ihr Portfolio am besten quartalsweise oder halbjährlich überarbeiten. Und wenn Sie das tun, sollten Sie daran denken, für Verkäufe viel weniger strenge Kriterien anzulegen als für Käufe, denn auf diese Weise sparen Sie Transaktionskosten.

Da haben Sie es! Mit einem guten Aktien-Screener können Sie problemlos konservative Aktien auf dem Markt Ihrer Wahl ausfiltern. Der schwierigste Teil ist dann vielleicht die Verwaltung des Portfolios selbst. Um ein gut diversifiziertes Portfolio zu bekommen, sollten Sie in eine ganze Menge unterschiedlicher Aktien investieren. Diversifizieren über mehrere Sektoren hinweg ist einfacher als diversifizieren über mehrere Länder. Außerdem können Sie sich anschließend nicht einfach zurücklehnen und entspannen, denn Sie müssen Ihr Portfolio regelmäßig überarbeiten, dabei aber auch die Transaktionskosten im Rahmen halten. Wenn Sie ein eifriger Privatanleger sind und solche Herausforderungen mögen, ist das vielleicht der Weg nach Rom, der am besten zu Ihnen passt. Andernfalls ist es wahrscheinlich klüger, Ihre Portfolio-Verwaltung einem Profi zu überlassen. Diese »zurücklehnen und entspannen«-Option schauen wir uns als Nächstes an.

Kapitel 12: Zurücklehnen und entspannen

Ein konservatives Portfolio selbst zu verwalten, kann eine gewaltige Herausforderung sein, denn dafür müssen Sie ständig viele Entscheidungen treffen. Wenn Sie dagegen beschließen, das Management jemand anderem zu überlassen, entscheiden Sie lediglich einmal: In welches Vehikel wollen Sie Ihr Geld investieren? Das ist zwar nur eine einzige Entscheidung, aber ich bin sicher, wir sind uns darüber einig, dass sie wichtig ist. Aber machen Sie sich bitte keine Sorgen: Der Unterschied zwischen all den verfügbaren Alternativen betrifft lediglich die Frage »gut« oder »besser«, denn wirklich schlechte risikoarme Aktienportfolios gibt es gar nicht. Trotzdem möchte ich in diesem Kapitel erklären, wie Sie hier die richtige Entscheidung treffen können.

Wenn Sie beschließen, Ihr Anlageportfolio von jemand anderem betreuen zu lassen, haben Sie im Wesentlichen zwei Optionen: Entweder Sie wählen einen Fondsmanager, der einen Index nachbildet, oder Sie nehmen einen, der eine aktive Strategie verfolgt.[46] Beide Ansätze haben ihre jeweils eigenen Vorteile.

Allgemein bedeutet indexorientierte Geldanlage, dass Ihr Geld entsprechend der Zusammensetzung eines bestimmten Index verwaltet wird, etwa des S&P 500 oder des deutschen Dax 30.

---

46 Um ehrlich zu sein: Der Satz »Sie haben zwei Optionen« klingt nach einer Kellnerin in einem kommunistischen Land, die alle Angebote auf der Speisekarte aufzählt. In der Realität ist die Welt des passiven oder aktiven Investierens nicht nur schwarz und weiß, sondern hat alle möglichen Graustufen.

Ein Indexfonds oder Index Tracker zielt darauf ab, die Performance des Index nachzubilden, indem er ihn schlicht repliziert. Um dafür zu sorgen, dass ihre Performance der eines bestimmten Index entspricht, stellen die meisten Manager ein Portfolio zusammen, das dieselben Aktien mit denselben Gewichtungen enthält wie dieser Index. Die Kosten für einen solchen Index Tracker sind meist niedriger als bei einem aktiven Fonds, und auch die Transparenz ist höher. Streng genommen sind solche Fonds sogar vollkommen transparent.

Doch genau diese Transparenz kann auch ein Nachteil sein, denn zu viel davon ist nicht gut. Wenn jeder weiß, dass ein Indexfonds eine bestimmte Aktie in einem erheblichen Volumen kaufen wird, besteht die Gefahr, dass opportunistische Anleger schon vorher aktiv werden und ihm beim Kaufen zuvorkommen. Tatsächlich bieten diese Anlagevehikel so viel Transparenz, dass jeder am Markt herausfinden kann, welche Transaktionen sie vornehmen werden. Das kann zu Verlusten für Anleger führen, die öffentlich verfügbare Indizes nachbilden, vor allem, wenn diese Indizes beliebt sind und sich ihre Zusammensetzung jedes Jahr deutlich verändert.

Diese Schwäche von transparenten Indizes könnte ein guter Grund dafür sein, lieber eine aktive und weniger transparente Strategie zu wählen. Auf diese Weise sind Veränderungen in Ihrem Portfolio vor »räuberischen« Anlegern geschützt. Andererseits bezahlen Sie, wenn Sie sich für einen Indexfonds entscheiden, zumeist niedrigere Gebühren.

Wenn Sie also die Verwaltung Ihres risikoarmen Portfolios in die Hände eines professionellen Anlagemanagers legen wollen, haben Sie diese beiden Optionen: Nachbilden eines öffentlichen Index oder Anlegen in eine proprietäre aktive Strategie. Beschäftigen wir uns zunächst mit den Möglichkeiten von risikoarmen Indexfonds.

Niedrigrisiko-Indizes verschaffen Ihnen Zugang zu einem breit gestreuten Korb von rund 100 bis 300 risikoarmen Aktien. Diese Indizes werden üblicherweise über Exchange Traded Funds (ETFs) nachgebildet, manchmal auch über passive Fonds, die auch als Indexfonds bezeichnet werden. Weil ETFs an Börsen notiert sind, können Sie leicht damit handeln, wann immer Sie in einen risikoarmen Index investieren wollen, ohne dass Sie mit hohen Summen einsteigen müssen. Außerdem ersparen Sie sich die Mühe, mehr als 100 Aktien selbst zu verwalten. Dank der niedrigen Gebühren erscheinen ETFs als gute Option für Anleger, die nach einer transparent verwalteten Strategie mit niedrigem Risiko suchen. Und darüber hinaus sind sie auch leicht zu finden.

Genau wie Sie einen Aktien-Screener benutzen können, um risikoarme Aktien zu finden, können Sie ETF-Screener verwenden, um den richtigen ETF mit niedrigem Risiko zu entdecken. Die meisten Online-Broker bieten solche Werkzeuge an, um Ihnen dabei zu helfen, Ihren Weg durch den ETF-Dschungel zu finden. Außerdem gibt es mehrere Websites, auf denen Sie ebenfalls ein Universum von risikoarmen ETFs durchsuchen können.[47]

ETF Database zum Beispiel (ETFdb) hat einen ETF-Screener, der kostenlos zur Verfügung steht und einfach zu bedienen ist.[48] Die Website listet 1200 unterschiedliche Aktien-ETFs auf, die zusätzlich nach Größe, Anlagestrategie, Region, Sektor oder Anlagestil gefiltert werden können. Um zum Beispiel alle in den USA notierten ETFs mit niedriger Volatilität angezeigt zu bekommen, müssen Sie im letzten Eingabefeld (Investment Style) auf der ETFdb-Website nur »Low Volatility« wählen.

47 Einen Überblick über verschiedene Websites mit ETF-Screenern finden Sie auf www.paradoxinvesting.com.

48 Siehe auch www.ETFdb.com/screener.

Wenn Sie so vorgehen, zeigt der Screener mehr als 40 unterschiedliche Angebote für Anleger an, die nach einem ETF mit niedriger Volatilität suchen. Diese Zahl ist in den vergangenen Jahren gestiegen, sodass Kunden heute mehr Auswahl haben. Alle passenden ETFs erscheinen in einem Überblick am Ende der ETFdb-Webseite. Abbildung 12.1 zeigt einen Schnappschuss ihres ETF-Screeners.

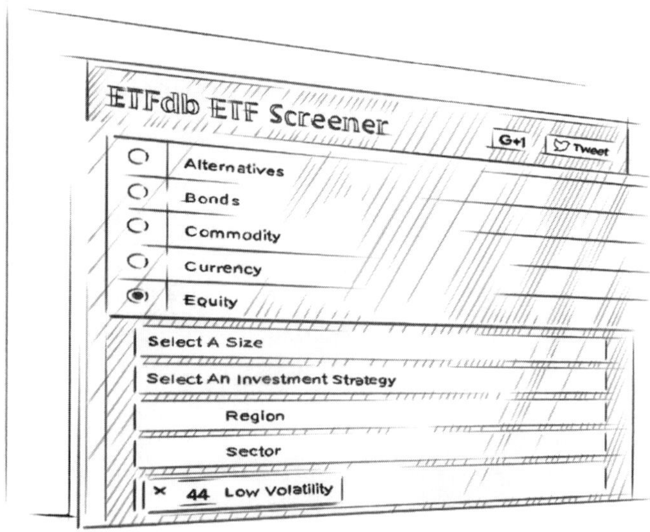

Abbildung 12.1: Auswahl von risikoarmen ETFs unter ETFdb.com/screener – Copyright: ETFdb.com

Dieser Screener listet alle verfügbaren ETFs sortiert nach ihrem Volumen (Vermögen in Millionen Dollar) auf. Die meisten davon bilden zwei risikoarme Indizes nach: den MSCI Minimum Volatility Index und den S&P Low Volatility Index. Diese Indizes mit minimaler oder niedriger Volatilität gibt es für unterschiedliche Märkte: von »nur USA« bis zu europäischen Aktien, von global bis zu Schwellenländern und von Mid- und Small-Caps bis zu Aktien im S&P 500.

Auf welchen dieser ETFs also sollten wir uns konzentrieren? Nun, angesichts der Tatsache, dass wir ein Vehikel suchen, mit dem wir in risikoarme Aktien investieren können, könnten wir uns zunächst einmal schlicht mit den zwei beliebtesten Trackern beschäftigen. Beide Fonds haben ein Volumen von mehreren Milliarden Dollar, und sie bilden zwei unterschiedliche Niedrigrisiko-Indizes ab. Ihre Ticker-Codes lauten SPLV und USMV.

Zunächst zum SPLV (dem S&P 500 Low Volatility Portfolio), der den S&P 500 Low Volatility Index nachbildet, also einen Index mit niedriger Volatilität. Hier wird die Einjahres-Volatilität aller Aktien im Index S&P 500 erfasst und von niedrig nach hoch sortiert; gekauft werden dann einfach die 100 Aktien mit der niedrigsten Volatilität. Jedes Quartal wird der Index neu zusammengestellt, und diejenigen Aktien, die nicht mehr zu den am wenigsten volatilen im S&P 500 zählen, werden ersetzt. Die durchschnittliche Verweildauer für eine Aktie in dem ETF beträgt zwei Jahre. Ganz einfach, oder? Dieser ETF bietet eine ziemlich leichte und verständliche Möglichkeit, ein Portfolio mit niedriger Volatilität zu bekommen. Aber vielleicht mögen Sie es ja doch ein wenig komplexer?

Die zweite Möglichkeit, der iShares Edge MSCI Min Vol USA ETF (USMV), orientiert sich an einem anderen Index (dem MSCI USA Minimum Volatility Index), von dem der Fonds auch seinen Namen hat. Die Methode für die Konstruktion dieses Index ist komplexer als der schlichte Ranglisten-Ansatz des SPLV. Ausgangspunkt dafür ist der MSCI USA Index, bestehend aus 600 Aktien mit hoher und mittlerer Marktkapitalisierung. Mit einem Algorithmus zur statistischen Optimierung wird aus diesen 600 Aktien dann ein Portfolio mit niedriger Volatilität zusammenstellt. Die Aktien werden dabei nicht allein auf der Grundlage ihrer Volatilität ausgewählt, sondern auch nach ihrem Beitrag zur Gesamtvolatilität des

Portfolios. Der Index wird zweimal im Jahr überarbeitet, und die durchschnittliche Haltedauer für die Aktien beträgt fünf Jahre. Die Zahl der Aktien liegt bei etwa 170. Da es relativ schwierig ist, genau herauszufinden, wie und warum die statistische Optimierung über die genaue Index-Zusammensetzung entscheidet, bezeichnen manche diese Methode – wie in Abbildung 12.2. illustriert – als »Black Box«.

Abbildung 12.2: Statistische Optimierung mit komplexen Algorithmen

Allgemein gesagt, ist der SPLV mit seinem Ranglisten-Ansatz elegant und schlicht. Der USMV ist komplexer, aber besser über Sektoren und Unternehmen hinweg diversifiziert. Keiner der beiden ETFs aber berücksichtigt explizit Income oder Momentum. Wie Sie aus Kapitel 8 vielleicht noch wissen, kann jedoch genau die Beachtung der »Dreier-Regel« (auf das Risiko achten, aber auch auf Income und Momentum) zu erheblichen Vermögenszuwächsen führen – die jährliche Renditedifferenz betrug 3 Prozentpunkte. Auf der anderen Seite kann es auch Aktien mit niedriger Volatilität geben, die 3 Prozentpunkte schlechter abschneiden, weil sie bei Income und Momentum wenig zu bieten haben. Vergessen Sie also bitte auch beim Kauf eines Index Trackers mit niedriger Volatilität nicht die Dreier-Regel.

Die Alternative zu einem Index besteht in einer proprietären aktiven Strategie. Aktive Manager von Fonds mit niedriger Volatilität haben die Freiheit, nach Belieben in die in ihren Augen besten risikoarmen Aktien zu investieren, die zusätzlich gutes Aufwärtspotenzial bieten. Die meisten Manager benutzen für diese Aktienauswahl von der wissenschaftlichen Forschung inspirierte Modelle, die häufig Income-Aspekte und manchmal auch Momentum-Faktoren mit einbeziehen. Tendenziell sind auf ihren Websites einige Erklärungen über die jeweilige Strategie zu finden, volle Transparenz bieten sie aber nicht.

Um einen guten aktiven Fondsmanager für Geldanlage mit niedriger Volatilität zu finden, können Sie auch ihren Anlageberater oder eine spezialisierte Anlageberatung wie Morningstar konsultieren. Die meisten Anlageberater achten genau auf die Philosophie und die Prozesse von Fondsmanagern, ebenso wie auf die Qualität des Anlageteams und die Performance ihrer Strategien mit niedriger Volatilität.

An dieser Stelle das Geständnis: Als Portfoliomanager einer Familie von risikoarmen Fonds bin ich natürlich etwas voreingenommen, also lassen Sie mich hier völlig offen sein. Robeco bietet seit dem Jahr 2006 »Conservative Equity«-Fonds an. Der Prozess für sie ähnelt dem, was ich in diesem Buch beschrieben habe, weicht aber in mehreren Punkten – vor allem in der Umsetzungsphase – auch davon ab. Ich kann gut verstehen, dass Sie ein wenig amüsiert sind, wenn ich Ihnen erkläre, dass diese risikoarme Strategie besser ist als andere aktive Fonds und Index Tracker ... Vertrauen Sie mir, aber glauben Sie mir nicht blind, was ich sage. Versuchen Sie stattdessen, skeptisch zu sein und sich Ihre eigene Meinung zu bilden.

Werfen wir einen Blick auf einige der aktiv verwalteten Niedrigrisiko-Fonds, die am Markt angeboten werden. In der Überblickstabelle in Abbildung 12.3 liste ich sieben von erfahrenen

Managern verwaltete Fonds mit hohem Volumen und niedriger Volatilität auf. Die Anlageteams dahinter haben mindestens zehn Jahre Erfahrung und sind sämtlich für Strategien mit mehreren Milliarden Dollar Volumen verantwortlich. Die Namen der Fonds unterscheiden sich, weisen aber zumeist auf die eine oder andere Weise auf niedriges Risiko hin.

Name des Fonds	Gesellschaft	Standort des Teams
Conservative Equities	Robeco	Rotterdam, Niederlande
Low Volatility	Analytic Investors	Los Angeles, USA
Managed Volatility	Acadian	Boston, USA
Minimum Variance	Unigestion	Genf, Schweiz
MinRisk Equities	Quoniam	Frankfurt, Deutschland
Stable Equities	Nordea	Kopenhagen, Dänemark
Structured Equity	Invesco	Frankfurt, Deutschland

Abbildung 12.3: Sieben große und erfahrene Manager von risikoarmen Aktienfonds[49]

Wie Sie sehen können, scheint risikoarme Geldanlage eine »europäische Sache« zu sein – fünf der sieben hier aufgeführten Fondsmanager haben europäische Wurzeln. Und was in der Tabelle nicht zu erkennen ist: Die Top Drei dieser Liste in Bezug auf das verwaltete Vermögen stammen aus Skandinavien, den Niederlanden und der Schweiz.[50]

49 Zahlen dazu finden Sie auf www.paradoxinvesting.com.

50 Auffällig ist, dass die Herkunftsländer dieser Fonds auch beim Human Development Index die höchsten Werte erreichen. Sind diese Länder einer Kultur der Besonnenheit förderlich oder ist das bloßer Zufall? Wahrscheinlich neige ich einfach zu übereilten Schlussfolgerungen ...

Morningstar hilft bei der Suche nach ETFs, ebenso aber beim Vergleichen von unterschiedlichen aktiv verwalteten Fonds. Das Unternehmen hat eine globale Präsenz und bietet seine Dienstleistungen in mehreren Sprachen sowie auf die Besonderheiten der einzelnen Länder abgestimmt an. Die Website enthält Daten zu Fonds und für registrierte Nutzer zusätzlich auch detaillierte Fondsberichte. Ich benutze meist die niederländische Version, wo man problemlos alle Strategien findet, die für private Anleger verfügbar sind. Morningstar deckt zwar sehr viele Fonds ab (auf der niederländischen Website gibt es rund 30.000 davon). Trotzdem ist es ziemlich leicht, dort die von den in Abbildung 12.3 genannten Gesellschaften angebotenen Fonds mit niedriger Volatilität zu finden: Geben Sie im Suchfeld oben auf der Morningstar-Seite einfach den Namen des Fonds ein, und schon wird er Ihnen angezeigt.

Name	**Strategie**	**Auflegungsdatum**
iShares Edge MSCI Emerging Markets Minimum Volatility	Tracker	Oktober 2011
Powershares S&P Emerging Markets Low Volatility	Tracker	Januar 2012
Robeco Emerging Conservative Equities	Aktiver Fonds	Februar 2011
Unigestion-Global Equities Emerging Markets	Aktiver Fonds	März 2010

Abbildung 12.4: Vier Strategien mit niedriger Volatilität in Schwellenländern

Zur Veranschaulichung habe ich außerdem die zwei beliebtesten Index Tracker und die zwei beliebtesten aktiven Fonds für Schwellenländer analysiert. Alle vier in Abbildung 12.4 zu sehenden Strategien haben ein verwaltetes Vermögen von mehr als 1 Milliarde Dollar, verfügen also über eine große Kundenbasis. Sie wurden sämtlich in der Zeit zwischen März 2010 und Januar 2012 aufgelegt. Ebenfalls gemeinsam haben sie die

Risikocharakteristik. Morningstar ist hier hilfreich, weil die Website die Volatilität und das Beta der Fonds über drei Jahre angibt, die jeweils ziemlich nahe aneinander liegen. Alle vier Fonds weisen deutlich weniger Volatilität und Beta auf als der Gesamtmarkt. Die Verwaltungsgebühr für die aktiven Fonds ist höher als bei den Index Trackern, was ebenfalls ein wichtiger Aspekt ist. Allerdings wird die Performance nach Abzug der Gebühren angegeben, sodass hier ein fairer Vergleich möglich ist. Die Dividendenrenditen der aktiven Fonds sind höher als bei den Trackern. Aus Bewertungssicht, gemessen am Kurs-Gewinn-Verhältnis, scheint es den Managern der aktiven Fonds etwas besser zu gelingen, die richtigen Aktien auszuwählen.

Jetzt ist es Zeit für eine kleine Pause, denn ich muss Ihnen schon wieder ein Geständnis machen ...

Ja, ich habe tatsächlich etwas zu gestehen. Vielleicht war ich ein bisschen zu locker, als ich geschrieben habe, dass Sie sich einfach »zurücklehnen und entspannen« können, wenn Sie jemand anderem die Verwaltung Ihres wenig volatilen oder konservativen Aktienportfolios überlassen. Denn in Wirklichkeit können Sie auch ein solches Portfolio nicht einfach vergessen, sobald Sie sich für einen passiven Tracker oder einen aktiven Fondsmanager entschieden haben. Die meisten dieser Manager werden hervorragende Arbeit für Sie leisten, aber ab und zu müssen Sie trotzdem überprüfen, wie gut sie es tatsächlich schaffen, im Lauf der Zeit mit wenig volatilen oder konservativen Aktien Renditen zu erzielen. Ein weiterer praktischer Tipp ist, Ihre Suchmaschine so zu programmieren, dass sie Ihnen einen Hinweis sendet, wenn es Nachrichten zu Ihrem Fonds gibt.[51] Das wird Ihnen dabei helfen, Ihren Fonds auf entspannte Weise besser im Auge zu behalten.

---

51 Möglich ist das zum Beispiel mit Google Alerts (www.google.com/alerts) oder Talkwalker (www.talkwalker.com/en/alerts).

Und noch mehr: Es geht nicht nur darum, den richtigen Fondsmanager auszuwählen, also einen, der zwischen guten und schlechten risikoarmen Aktien unterscheiden kann: Sie müssen auch wissen, ob er geduldig genug ist. Sie wollen wissen, worauf ich hinauswill? Darauf würde ich wetten. Da Sie dieses Buch schon einmal angefangen haben, können Sie auch noch eine Seite weiterblättern. Denn im nächsten Kapitel werden wir uns mit der guten alten Tugend der Geduld beschäftigen.

Kapitel 13: Handle wenig, sei geduldig

Ob Sie Ihr risikoarmes Portfolio selbst zusammenstellen oder Ihr Geld in einem Niedrigrisiko-Fonds für sich arbeiten lassen: Um in den richtigen Aktien engagiert zu sein, müssen Sie zumindest ein wenig handeln. Für Anleger wie Sie und mich ist das allerdings immer ein Spiel, bei dem man nur verlieren kann, denn es bringt Transaktionskosten mit sich. Aus dieser Sicht wäre es am besten, wenn man überhaupt nicht handeln müsste.

Denken Sie mal darüber nach: Selbst wenn Sie überhaupt keine Transaktionskosten oder Managementgebühren bezahlen müssten, ist aktives Investieren immer noch ein Nullsummenspiel. Was Sie gewinnen, verliert jemand anderes, und umgekehrt. Der US-Anleger und -Unternehmer John Bogle ist berühmt dafür, dass er dies einem großen Anlegerpublikum klar gemacht hat – er drängte die Menschen, das Handeln einfach bleibenzulassen und stattdessen passiv in ein Gesamtmarkt-Portfolio zu investieren. Das spart nicht nur Transaktionskosten, sondern verringert auch andere Kosten in Zusammenhang mit aktivem Management. Bogle hat Recht: Im Durchschnitt »fressen« Transaktionskosten auf lange Sicht Vermögen auf. Geduldig zu sein, zahlt sich aus. Eine zunehmende Zahl von Anlegern nimmt sich Bogles Empfehlung zu Herzen, denn passives Investieren ist im Kommen. Das von ihm gegründete Unternehmen ist heute eine der größten Vermögensverwaltungsgesellschaften der Welt.

Trotz der Zunahme bei passiver Geldanlage wird jedoch immer noch zu viel mit Aktien gehandelt – *viel* zu viel. Hinzu kommt: Das Handelsvolumen nimmt offenbar Jahrzehnt für Jahrzehnt immer weiter zu. Seit den 1990er Jahren hat sich das Niveau des jährlichen Aktienumsatzes mehr als verdoppelt, nachdem es von den 1940-er bis zu den 1970-er Jahren niedriger gewesen war. Die Grafik in Abbildung 13.1 stammt aus einem wissenschaftlichen Aufsatz, der im Jahr 2008 von Kenneth Fama veröffentlicht wurde. Sie zeigt den zunehmenden Jahresumsatz bei US-Aktien. Wie Sie sehen können, bereitete der Crash im Jahr 1929 dem hohen Handelsvolumen der Roaring Twenties ein Ende. Die Große Depression markierte den Beginn eines veränderten Handelsverhaltens, das jahrzehntelang anhielt. Erst mit dem Beginn des Bullenmarktes in den 1980er Jahren begann die tugendhafte Kultur des »wenig Handelns« der 1950er zu verschwinden.

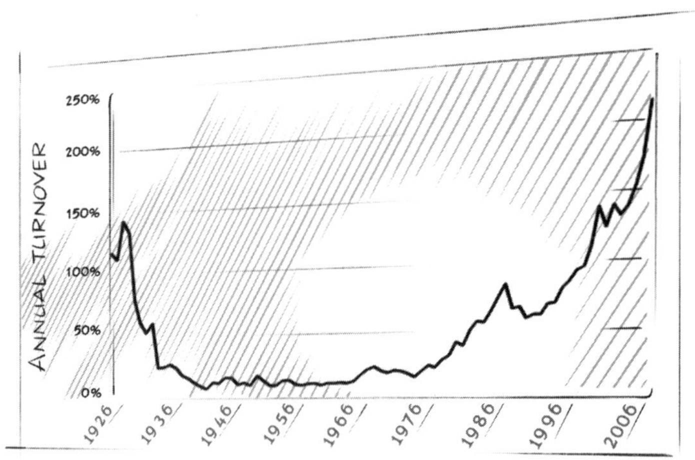

Abbildung 13.1: Jährliches Handelsvolumen von US-Aktien in Prozent, 1926 bis 2007

Aber warum ist das ein Problem? Ist Aktienhandel heutzutage nicht sehr billig? Ja, das stimmt. Der Siegeszug des elektronischen Handels hat die Kosten einer einzelnen Transaktion immer weiter fallen lassen. Meistens ist Handeln tatsächlich nicht mehr teuer. Trotzdem gilt die Formel »Transaktionen = Kosten« im 21. Jahrhundert nicht weniger als im 20. Jahrhundert. Und all dieses exzessive Handeln ist teuer für uns und die Gesellschaft. Nur Broker profitieren von diesem kollektiven Verhalten. Das für übertriebenen Handel verschwendete Geld könnte für nützlichere Zwecke wie Armutsbekämpfung, Gesundheitsversorgung, Bildung oder auch den Kauf eines hübschen Autos ausgegeben werden.

Aber ich will Ihnen keine falsche Vorstellung vermitteln. Natürlich müssen wir *ein bisschen* handeln, denn das hilft zum Beispiel dabei, sicherzustellen, dass immer die besten risikoarmen Aktien in unseren Portfolios sind. Auch für die Gesellschaft ist ein bestimmtes Handelsvolumen erforderlich, damit die Märkte richtig funktionieren. Aber so wie bei vielen anderen Dingen im Leben kann man auch hier zu viel des Guten tun, und exzessives Handeln sollte man vermeiden. Man könnte also sagen, dass die goldene Mitte auch in Bezug auf Geduld und Handel gilt: Wenn Sie zu viel Geduld haben, stellen Sie das Handeln komplett ein und werden vollkommen passiv. Wenn Sie zu ungeduldig sind, werden Sie wahrscheinlich im Übermaß handeln.

Aber warum nur, warum handeln wir alle so viel? Ist der Grund dafür nicht einfach, dass es so billig geworden ist? Nun, niedrigere Kosten als eine Folge von elektronischem Handel spielen offensichtlich eine Rolle dabei. Doch auch in den 1920er Jahren, als die Transaktionskosten noch deutlich höher waren, lag das Volumen bei über 100 Prozent. Die Kosten scheinen also nicht der einzige Bestimmungsfaktor für unser Handelsverhalten zu sein.

Laut der wissenschaftlichen Literatur könnte übertriebenes Handeln mit Selbstüberschätzung zusammenhängen. Als übertrieben optimistisch gelten Sie, wenn Sie der Meinung sind, dass Sie selbstverständlich besser als der Durchschnitt sind, obwohl Sie in Wirklichkeit darunter liegen. Definitionsgemäß kann nicht *jeder* von uns überdurchschnittlich sein – manche sind es, andere aber nicht. In einer berühmten Studie hielten sich 93 Prozent der befragten US-Autofahrer für besser als der Durchschnitt ...[52]

Der US-Finanzprofessor Terrance Odean hat die Broker-Kontodaten von 10.000 Anlegern analysiert und festgestellt, dass sie tatsächlich exzessiv handeln. In seiner Studie setzt er das Ausmaß des Handelns in Beziehung mit Selbstüberschätzung und dem Geschlecht. Interessanterweise wird dabei klar, dass weibliche Anleger besser abschneiden als männliche. Tatsächlich scheinen Frauen bei der Geldanlage Männern schlicht überlegen zu sein.[53]

Und wissen Sie warum? Nun, der Grund ist nicht etwa, dass Frauen die besseren Händler wären. Bevor irgendwelche Transaktionskosten eingerechnet werden, schneiden sie gleich gut ab wie Männer. Mit anderen Worten: Wenn es diese Kosten nicht gäbe, würden beide Geschlechter das gleiche Ergebnis erzielen. Stattdessen liegt der Unterschied schlicht daran, dass Frauen weniger handeln als Männer, sodass sie niedrigere Transaktionskosten und nach Abzug der Kosten höhere Renditen haben. Dass dieses Gender-Phänomen auch außerhalb der wissenschaftlichen Forschung aufgegriffen wurde, sollte nicht überraschen, denn wir alle scheinen solche Vergleiche zwischen Männern und Frauen zu mögen.

---

52 Siehe auch die Studie von Ola Svenson (Februar 1981): »Are We All Less Risky and More Skillful Than our Fellow Drivers?«

53 Siehe auch die Studie von Brad Barber und Terrance Odean aus dem Jahr 2001: »Boys Will Be Boys: Gender, Overconfidence, and Common Stock Investment« im *Quarterly Journal of Economics.*

Selbstüberschätzung lässt sich in Verbindung mit einem Hormon namens Testosteron bringen. Schauen wir uns das auf einer etwas persönlicheren Ebene an. Im Jahr 2015 habe ich mich ein wenig mit Biologie und Finanzen beschäftigt und die Beziehung zwischen Testosteron und Selbstüberschätzung bei 52 männlichen Anlageprofis getestet. Das war eine ziemlich lustige Angelegenheit, unter anderem, weil wir dafür mehrere Speichelproben nehmen mussten. Halten Sie hier einfach einen Moment inne und versuchen Sie, sich die Szene vorzustellen: Mehr als 50 Männer in Anzügen spuckten in kleine Plastikröhrchen, die dann sofort eingefroren und zur Analyse in ein Labor irgendwo in Deutschland gebracht wurden. Das Ergebnis? Nun, fast alle Männer mit einem höheren Testosteron-Wert überschätzten sich selbst, während die mit niedrigeren Werten von dieser Verzerrung weniger betroffen waren. Nachdem Sie diese Information jetzt kennen, werden Sie vielleicht darauf achten, dass der Fondsmanager Ihrer Wahl nicht zu viel Ähnlichkeit mit Popeye hat.

Außer auf Hormone könnte exzessives Handeln auch auf die Anreizstruktur in der professionellen Vermögensverwaltung zurückzuführen sein. Vielleicht handeln Fondsmanager deshalb zu viel, weil ihre Kunden nicht zwischen »aktivem« und »reinem« Nichtstun unterscheiden können: Selbst wenn sie es schaffen, ihre Hormone unter Kontrolle zu halten, könnten Portfoliomanager immer noch zu viel handeln, nur um ihren Kunden und ihren Chefs zu zeigen, dass sie für ihre hohen Managementgebühren wirklich etwas tun.

Die Zunahme des von Profis verwalteten Vermögens verstärkt dieses Problem noch. Zusammen mit den gesunkenen Transaktionskosten könnte dies die Erklärung für den Anstieg des Handelsvolumens sein, der in den letzten Jahrzehnten zu beobachten war. Selbstüberschätzung müsste als irrationales Verhalten angesehen werden, weil sie per Saldo zu niedrigeren Renditen führt – es gibt sogar einen negativen Rückkoppelungsmechanismus dafür, denn die negativen Ergebnisse von exzessivem Handeln werden durchaus sichtbar. Aus Sicht eines Portfoliomanagers aber könnte Handeln im Übermaß ein Zeichen für hohe Anlagekompetenz sein, selbst wenn es schlechtere Ergebnisse für die Kunden zur Folge hat.

Sollten wir angesichts dieser Erkenntnisse einfach dem Rat von John Bogle folgen und ganz mit dem Handeln aufhören? Nun, bei all den Belegen dafür, dass zu viel Handeln der Rendite schadet und entweder durch menschliche Unvollkommenheiten oder die Struktur der Fondsbranche begründet ist, wäre dies eine gut nachvollziehbare Konsequenz. Schließlich liegt einer der Vorteile einer reinen Kaufen-und-Halten-Strategie darin, dass ihre Transaktionskosten fast Null betragen. Auch die Umsetzungskosten und die Managementgebühren einer solchen Strategie fallen niedriger aus, während Liquidität und Transparenz sehr hoch sind. Diese Faktoren sind wahrscheinlich die Erklärung für den stetigen Anstieg bei der passiven, nach Marktkapitalisierung gewichteten Geldanlage: niedrigere Gebühren, niedrigere Transaktionskosten und maximale Transparenz.

Allerdings beruht passives Kaufen und Halten auf der Annahme, dass der Aktienmarkt vollkommen effizient ist. Auf die Gefahr hin, dass ich Sie mit einem weiteren Paradox verwirre: Wenn jeder nur noch passiv investieren würde, wäre der Markt höchst ineffizient, weil keine Preise mehr gebildet würden. Es muss Handel geben, damit Anleger wissen, wie hoch der Wert einer bestimmten Aktie ist. Handel ist nötig, um faire Kurse und eine effiziente Allokation von Kapital in einer Marktwirtschaft sicherzustellen.

Wenn ein Anleger einen Index Tracker kauft, geht er also zugleich davon aus, dass der Markt vollständig effizient ist, obwohl das nicht stimmt. Risikoreiche Aktien liefern niedrige

Renditen, und solche Aktien sollten Sie nicht im Portfolio haben, weil sie schlecht für Ihr Vermögen sind. Aus diesem Grund ist *ein wenig* Handeln nötig, damit Sie immer die richtigen Aktien im Portfolio haben – egal, ob Sie es selbst zusammengestellt oder in einen risikoarmen Index Tracker oder einen aktiven Fonds investiert haben. Aber wie hoch ist die »richtige« Umschlaghäufigkeit für ein Portfolio? Es wird Sie nicht überraschen, dass meine Kollegen und ich auch das erforscht haben. Nach unseren Analysen ist ein Portfolioumschlag von 30 Prozent pro Jahr ausreichend, was weit unter den Werten liegt, die an den heutigen Märkten zu beobachten sind. Die Zahl ist sogar niedriger als bei manchen Indizes mit niedriger Volatilität, die als »passiv« angesehen werden, aber immer noch einige Handelsaktivität erfordern. Auch beim Handeln müssen Sie also die goldene Mitte von Aristoteles beachten. Handeln Sie wenig.

Tatsächlich sind die besten Fondsmanager diejenigen, die starke Meinungen haben, diese aber geduldig umsetzen. Insgesamt gesehen ist die Rendite von Fonds durchschnittlich, und nach Gebühren schneiden sie tendenziell sogar schlechter ab als der Markt. Diese Tatsache ist nicht sehr erfreulich, und für Fondsmanager liegt eine unbequeme Wahrheit darin. Trotzdem liefern manche Manager systematisch bessere Ergebnisse als andere: Wie der Finanzprofessor Professor Martijn Cremers festgestellt hat, gelingt es den geduldigsten – und moderat aktiven – Fondsmanagern, ihre Kollegen und Benchmarks um etwa 2 Prozentpunkte schlagen; interessanterweise schaffen sie das, indem sie konsequent auf risikoarme Aktien mit attraktiven Bewertungen setzen. Das klingt vertraut, oder? Aber Geduld ist nicht nur in Bezug auf Handel an der Börse eine Tugend. Sie ist auch gefragt, wenn es darum geht, an Ihrer Anlagephilosophie festzuhalten. Wenn Sie den größten Sieg von allen erringen wollen, brauchen Sie einen hartnäckigen Charakter.

Der Mann des Mittelwegs rät: Vermeiden Sie Extreme

Kapitel 14: Der größte Sieg von allen

Was bleibt jetzt, nachdem wir uns all die möglichen Wege nach Rom angesehen haben, noch zu tun? Nun, tatsächlich eine ganze Menge. Die Wege nach Rom zu beschreiben, ist die eine Sache, eine ganz andere aber ist es, all die Herausforderungen zu meistern, die Ihnen auf dieser Reise begegnen werden. Vielleicht noch wichtiger ist es, sich ein wenig mit dem Weg selbst zu beschäftigen, statt nur mit dem Ziel. Denn egal, ob Sie beschlossen haben, ein konservatives Aktienportfolio selbst zusammenzustellen, oder sich für einen Fonds mit niedriger Volatilität entscheiden: Erfolg werden Sie nur dann haben, wenn Sie in guten wie in schlechten Zeiten an Ihrem Ansatz festhalten. Das ist wichtig, denn um wirklich von den Vorteilen von Geldanlage in konservativen Aktien profitieren zu können, brauchen Sie einen langfristigen Anlagehorizont. Denn vergessen Sie nicht: Konservatives Investieren in Aktien bietet Ihnen einen langen – und manchmal einsamen – Weg zum Wohlstand, keine schnelle »vom Tellerwäscher zum Millionär«-Lösung. Was also sollten Sie von dem Weg, der vor Ihnen liegt, erwarten?

Persönliche Erfahrungen helfen sehr dabei, abstrakte Konzepte wie Schönheit, Glauben oder Risiko zu verstehen. Søren Kierkegaard, ein dänischer Philosoph aus dem 19. Jahrhundert, hat betont, wie wichtig es ist, bei der Beschäftigung mit Wahrheit Erfahrungen zu berücksichtigen. Meiner Meinung nach müssen Sie auch in Bezug auf Risiko am Aktienmarkt Erfahrungen machen, um es zu verstehen. Risiko ist ein ziemlich abstraktes Konzept. Man kann darüber nachdenken oder Berechnungen dazu vornehmen. Doch selbst wenn Sie Erfahrung im Umgang mit Risiko haben, hat es immer noch auch Einfluss auf ihre tieferen Emotionen. Letztlich wird Ihr Verhalten von einer Kombination aus Gedanken und Gefühlen bestimmt. Wie also können wir eine Vorstellung davon bekommen, wie sich diese Anlageerfahrung anfühlt und wie sie Ihr Verhalten beeinflussen könnte? Schauen wir uns ein paar der schwierigen Erfahrungen an, die Ihnen auf Ihrer Reise begegnen könnten.[54]

Die Geschichte kann eine gute Orientierung dafür bieten, mit welchen Arten von Szenarien Sie in der Zukunft rechnen können. Wie Mark Twain einmal gesagt haben soll, wiederholt sich die Geschichte nicht, aber sie reimt sich. Also möchte ich Ihnen von meinen Erfahrungen bei der Verwaltung einer konservativen Aktienstrategie berichten und dabei zur Veranschaulichung drei Marktszenarien nutzen. Auch Sie *werden* diesen Szenarien begegnen, wenn Sie in Aktien mit unterdurchschnittlichem Risiko investieren. Das erste Szenario ist das unschönste für Anleger: ein Bärenmarkt. Lassen Sie uns eine solche dunkle Periode – in der Anleger beginnen, sich zu fragen, warum sie überhaupt jemals an der Börse investiert haben – als Jahre definieren, in denen die durchschnittliche Aktie an Wert verliert. Das zweite Szenario ist ein moderateres Marktumfeld, in dem der Markt zulegt, aber um höchstens 15 Prozent pro Jahr. Das dritte und angenehmste Szenario möchte ich, bei Renditen von mehr als 15 Prozent

54 Das Buch »A Pilgrim's Progress« von John Bunyan aus dem Jahr 1678 ist eine christliche Allegorie. Es beschreibt einen Reisenden, der auf seinem Weg zur Stadt der Erlösung vielen Herausforderungen für seinen Charakter begegnet. Ich sehe viele Parallelen zwischen dieser Reise und der »Pilgerfahrt« von Anlegern, die auf niedriges Risiko setzen.

pro Jahr, als starken Bullenmarkt bezeichnen. Dies sind die Zeiten, in denen Sie als Anleger am meisten Stolz verspüren.

Die Beschäftigung mit diesen drei Szenarien kann Ihnen eine erste Vorstellung davon geben, was Ihnen auf dem Weg, der vor Ihnen liegt, begegnen könnte. Wie unsere bis ins Jahr 1929 zurückreichende Aktienmarkt-Datenbank zeigt, treten die drei Szenarien historisch gesehen mit der gleichen Wahrscheinlichkeit auf. Werfen wir einen Blick auf Abbildung 14.1, um zu sehen, wie sich ein konservatives Aktienportfolio in allen dreien entwickelt hat.

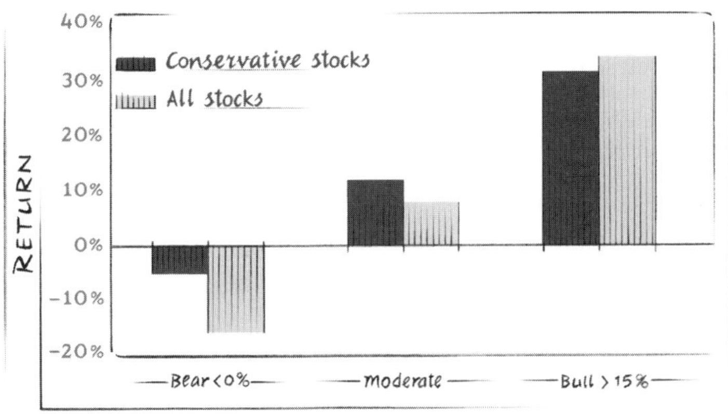

Abbildung 14.1: Konservative Aktien erleiden in Bärenmärkten geringere Verluste, bleiben in Bullenmärkten aber zurück

Falls Sie dachten, Geldanlage in konservative Aktien sei eine wasserdichte Strategie, die Sie auch in Bärenmärkten vor *jeglichen* Verlusten schützt, dann beweist Abbildung 14.1 das Gegenteil. Denn wie sie zeigt, geben in einem Bärenmarkt auch konservative Aktien nach – im Durchschnitt hat das konservative Aktienportfolio in einem solchen Umfeld 5,4 Prozent verloren. Konservative Aktien sind also offenbar nicht wasserdicht, aber zumindest wasserbeständig, denn der durchschnittliche Verlust aller Aktien im Bärenmarkt war mit 16,1 Prozent deutlich höher. Konservative Aktien bieten also einen guten Ort, um sich bei Bärenmärkten zu verstecken, denn sie tragen dazu bei, die Verluste begrenzt zu halten.

Trotzdem wird dieses Bärenmarkt-Szenario bei Ihnen gemischte Gefühle auslösen. Einerseits können Sie in einem solchen ungünstigen Umfeld zufrieden mit Ihrer Entscheidung für konservative Aktien sein, weil sie ja einen gewissen Schutz bieten. Andererseits haben sie immer noch Geld verloren. Eine wasserdichte Strategie wäre gewesen, zu verkaufen, denn auf diese Weise hätten Sie jegliche schmerzlichen Verluste vermieden. Also könnten Sie durchaus ein gewisses Bedauern verspüren. Und nicht einmal der Blick darauf, wie schlecht es Ihren Freunden und Kollegen im Vergleich zu Ihnen ergangen ist, macht Sie so richtig glücklich – dafür gibt es ja extra das Wort »Schadenfreude«. Außerdem sprechen Menschen in Bärenmärkten allgemein nicht gerne über Aktien. Eher leiden sie im Stillen, während einige wenige vielleicht behaupten, sie hätten die Korrektur kommen sehen und die brillante Entscheidung getroffen, alle ihre Aktien genau zum richtigen Zeitpunkt zu verkaufen. Zusammengefasst: Wahrscheinlich werden Sie nicht allzu viel Lust haben, wegen der relativ guten Performance Ihres konservativen Portfolios einen Siegestanz im Regen aufzuführen.

Zum Glück für Anleger dauern Bärenmärkte nicht ewig, und nach dem Regen kommt sonnigeres Wetter in Form des Szenarios mit moderaten Marktrenditen. In solchen Zeiten werden Sie mit Ihren konservativen Aktien weder besonders glücklich noch unglücklich sein, denn sie liefern eine Rendite, die so ansehnlich ist wie die des Gesamtmarktes. Sie bekommen eine Belohnung dafür, dass Sie am Aktienmarkt ein gewisses Risiko eingegangen sind, und werden sich ganz in Ordnung damit fühlen.

In diesen beiden Szenarien, die in einer zufälligen Reihenfolge eintraten, waren Sie nicht besonders aufgeregt und haben gemischte Gefühle erlebt. Doch ich kann Ihnen versichern: Wenn der Bulle zu rennen anfängt und sich jeder Anleger wie ein Sieger zu fühlen beginnt, wird sich auch Ihre Stimmung verändern. In solchen Zeiten, wenn alle anderen ihre tollen Renditen von mehr als 15 Prozent feiern, werden Sie sich wahrscheinlich fühlen wie ein echter ... Verlierer.

Verstehen Sie mich nicht falsch: Mit einem konservativen Aktienportfolio hätten Sie – im Durchschnitt – im Bullenmarkt immer noch einen ansehnlichen Gewinn von mehr als 30 Prozent pro Jahr verzeichnet. Doch damit hätten Sie schlechter abgeschnitten als der Gesamtmarkt. Wirklich, Ihre Rendite wäre niedriger gewesen als mit einer durchschnittlichen Aktie. Hinzu kommt, dass Sie selbst in solchen Zeiten, in denen alle Aktien nur zu steigen scheinen und Risikobereitschaft großzügig belohnt wird, nur einen Sack mit langweiligen risikoarmen Aktien halten. Denken Sie darüber nach: Wenn Sie Ihre Kollegen, Freunde und Familienangehörigen treffen und die von ihren riesigen Erfolgen am Aktienmarkt erzählen, müssen Sie gestehen, dass sie dieser risikoscheue Mensch sind, der an einem Portfolio aus konservativen Aktien festhält. Und natürlich werden die meisten der anderen Sie dann nicht einmal zu Ende erklären lassen, welche langfristigen Vorteile risikoarmes Investieren hat. Sie werden Sie einfach bemitleiden. Sie Armer!

Die größte Herausforderung liegt darin, auch in solchen Bullenjahren an Ihrer Strategie festzuhalten. Wenn Sie das schaffen, machen Sie einen hervorragenden Job. Allerdings ist es eine ziemlich schwierige und einsame Angelegenheit, bei einer konservativen Aktienstrategie zu bleiben, wenn alle anderen begeistert sind und sich über die Aufregung von risikoreicher Geldanlage freuen. Die gute Nachricht: Indem wir Momentum in die Strategie mit aufgenommen haben, konnten wir diese Schmerzen schon etwas begrenzen. Denn wie im vorigen Kapitel gezeigt, erhöht sich die Durchschnittsrendite um 3 Prozentpunkte pro Jahr, wenn man bei der Aktienauswahl zusätzlich Momentum und Income berücksichtigt. Der Großteil dieser erhöhten Rendite kommt in dem »schwierigen« Bullen-Szenario zustande – ohne die »Dreier-Regel« wäre die Performance von konservativen Aktien in solchen Zeiten um 10 Prozentpunkte niedriger. Diese »Schmerzlinderung um 10 Prozent« kann den Unterschied zwischen Dabeibleiben und Aufgeben ausmachen.

Das Jahr 2009 hat sich als gutes Beispiel für eine solche Zeit erwiesen. Es war geprägt von einer starken Erholung der Börse, die im März begann und das gesamte restliche Jahr über anhielt. Wenn Sie in dieser Zeit an Ihrem konservativen Aktienportfolio festgehalten hätten, wären Sie nur auf bescheidene 8 Prozent Rendite gekommen – am Gesamtmarkt waren demgegenüber 30 Prozent zu holen. Mit anderen Worten: Mit dem Festhalten an Ihrem konservativen Aktienportfolio hätten Sie auf die Chance verzichtet, eine um rund 22 Prozentpunkte höhere Rendite zu erzielen. Ich erinnere mich noch, wie einer meiner Kunden, ein Finanzvorstand, ein Jahr später auf 2009 zurückblickte und unzufrieden fragte: »*Warum hatten wir im vergangenen Jahr diese konservativen Aktien in unserem Pensionsfonds?*«

Seien Sie jetzt einen Augenblick lang ganz ehrlich und schauen Sie in den Spiegel: Was hätten Sie in einer solchen Situation getan? Wären Sie bei Ihrem langweiligen, risikoarmen Portfolio geblieben oder hätten Sie diese Aktien verkauft und sich stattdessen für einen anderen Anlageansatz entschieden? Eine andere Strategie, die in einem Jahr wie 2009 zumindest eine hübsche Performance liefert? Schwierige Frage, oder? Ich muss gestehen: Auch ich selbst hatte damals solche Gefühle des Bedauerns.

Auf Ihrem Weg werden Sie also mit Sicherheit gewisse Schmerzen ertragen müssen. Doch wie es auf Englisch heißt: »no pain, no gain« – ohne Leid keine Gewinne. Das gilt für die Welt des Sports, aber auch bei der Geldanlage. Aus meiner eigenen Erfahrung kann ich bestätigen, dass konservative Aktienanlagestrategie schmerzhaft sein kann; manchmal bezeichne ich sie auch als »Burnout-Geschäft«. In keinem der drei Szenarien werden Sie so richtig begeistert sein. Häufig werden Sie Bedauern empfinden. Ich kann Ihnen also versichern, dass es ein schwieriger Kampf wird. Doch ich bin mir nicht sicher, ob das Paradox überhaupt noch existieren würde, wenn sich die hervorragenden Langfristrenditen ohne jegliche Schmerzen erzielen ließen. Was also können Sie tun, um investiert zu bleiben und sich nicht vom Kurs abbringen zu lassen?

Als Erstes müssen Sie verstehen, dass konservative Aktien wirklich besser sind, was sich aber nur im Rahmen eines längeren Anlagehorizonts zeigt. Es stimmt wirklich: kein langfristiger Gewinn ohne kurzfristiges Leid. Sie müssen auf die längere Sicht fokussiert bleiben, Ihren Glauben behalten und hartnäckig sein. Nur wenn Sie einen Schritt zurücktreten und an die langfristigen Ergebnisse denken, werden Sie wieder lächeln können. Die Verlängerung Ihres Anlagehorizonts ist so gesehen ein wirksames Schmerzmittel. Es ist in Ordnung, wenn Sie sich jeden Tag mit den Ergebnissen Ihres risikoarmen Aktienportfolios beschäftigen. Aber für Ihren Seelenfrieden ist es wahrscheinlich besser und Sie schlafen nachts besser, wenn Sie nicht so häufig ins Depot schauen.

Wie lang aber sollte Ihr Anlagehorizont sein? Keine Sorge – Sie brauchen nicht ein Jahrhundert lang Geduld, um diese Ergebnisse zu bekommen. Überlegene langfristige

Renditen stellen sich schon dann ein, wenn Sie einen ganzen Anlagezyklus über, bestehend aus Bären-, moderatem und Bullenmarkt, investieren. Im Durchschnitt dauert so ein Zyklus sieben Jahre.[55] Wenn Sie sich auf einen solchen Anlagehorizont einstellen, können Sie es schaffen, fokussiert zu bleiben und sich von Ihren Gefühlen und Emotionen nicht ablenken zu lassen. Am Ende des Zyklus werden Sie feststellen, dass Sie während des steilen Bullenmarktes zwar schlechter abgeschnitten haben als der Markt im Durchschnitt, insgesamt aber trotzdem mehr verdient haben könnten, weil Sie in Bärenmarkt-Zeiten weniger verloren haben. Nur indem Sie einen vollständig Zyklus selbst erleben, werden Sie die folgenden Worte wirklich verstehen können: Mit konservativen Aktien gewinnen Sie, weil Sie weniger verlieren.

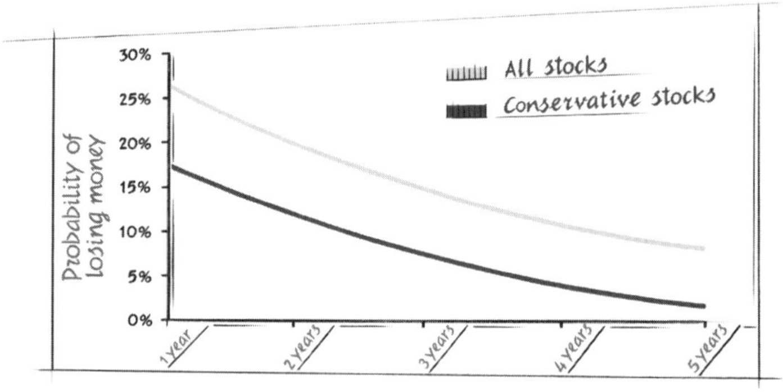

Abbildung 14.2: Konservative Aktien: Je länger Sie sie halten, mit desto geringerer Wahrscheinlichkeit verlieren Sie Geld

55 Für die Länge von Konjunkturzyklen gibt es keine exakte Definition, doch häufig wird hier mit dem sieben bis elf Jahre dauernden Investitionszyklus nach Clement Juglar gearbeitet. Laut der Bibel hat Josef ungefähr im Jahr 1800 v. Chr. korrekt einen Sieben-Jahres-Zyklus für die Landwirtschaft vorhergesagt und seine Familie vor dem Verhungern gerettet, indem er entsprechend plante.

Weiter beruhigen kann ich Sie vielleicht mit einem Blick auf das Risiko, Geld über einen Zeitraum von mehreren Jahren zu verlieren (basierend auf unserem Datensatz, der mehr als 8 Dekaden umfasst). Die Wahrscheinlichkeit dafür, dass Sie in einem beliebigen Jahr Geld am Aktienmarkt verlieren, beträgt rund 30 Prozent und sinkt bei einem fünfjährigen Horizont auf 10 Prozent. Diese Tatsache wird von Befürwortern der Geldanlage in Aktien häufig betont. Aber jetzt kommt es noch besser. Schauen Sie sich einmal Abbildung 14.2 an: Wenn Sie in konservative Aktien investieren, ist schon das Risiko eines Verlustes innerhalb eines Jahres niedriger – es beträgt nur 20 Prozent. Auf Sicht von fünf Jahren sinkt es sogar weiter auf lediglich 1 Prozent. Also brauchen Sie mit konservativen Aktien sogar weniger Geduld als mit durchschnittlichen.[56] Das ist doch ein sehr beruhigender Gedanke, oder?

Ich vermute, inzwischen haben Sie verstanden, dass Ihnen ein konservatives Aktienportfolio wirklich keinen schnellen, geraden Weg zum Reichtum eröffnet und dass es sich als recht schmerzhafte Erfahrung erweisen kann. Auf diesem Weg wird Ihr Charakter als konservativer Aktienanleger einige Prüfungen durchmachen müssen. Ich möchte an dieser Stelle betonen, dass es wirklich schwierig ist, sich solche Weisheit ohne persönliche Erfahrung anzueignen. Doch wenn Sie am Ende Ihr Ziel erreichen und mit Investitionen in konservative Aktien reicher geworden sind, dann dürften Sie sehr dankbar dafür sein. Dankbar sich selbst gegenüber, denn Sie haben den größten Sieg von allen errungen: den Sieg über sich selbst.

56 Für ältere Anleger sind konservative Aktien attraktiver als der Gesamtmarkt, denn ihnen bleibt weniger Zeit, um mögliche Verluste in ihrem Portfolio wieder wettzumachen.

»Wahrheit durch persönliche Erfahrung entdecken«

Kapitel 15: Die goldene Regel

Kann klassische Weisheit uns dabei helfen, bessere Anlageentscheidungen zu treffen? Kann man mit Tugend Gewinne machen? Es stimmt, das sind Fragen, die nachdenklich machen. Und ich glaube, die Antwort könnte wirklich »Ja« lauten. Die Moralphilosophie – die Beschäftigung mit der Frage, was »richtiges« und was »falsches« Verhalten ausmacht – könnte dazu beitragen, dass wir eine klarere Sicht haben. Sie könnte uns befreien, und sie könnte eine Richtschnur für die richtigen Entscheidungen bieten.

Bevor ich Ihnen erkläre, wie sich Moralphilosophie bei der Geldanlage anwenden lässt, muss ich einen anderen Punkt über Ökonomie betonen. Für manche mag das überraschend klingen, doch Ökonomie hat weitaus mehr mit Menschen zu tun als mit Zahlen. Tatsächlich ist sie eine *Sozialwissenschaft*. Warum? Nun, Ökonomen untersuchen, wie menschliche Wesen im Interesse ihres eigenen Wohlergehens Entscheidungen treffen. Das Konzept von Richtigem und Falschem ist ihnen seit Jahrhunderten bewusst, und ebenso lang haben sie Ideen dazu.[57] Aus dieser Sicht hängen die ökonomischen Entscheidungen von Menschen – in

57 In seinem Buch »Die Ökonomie von Gut und Böse« bietet Tomáš Sedláček eine gut lesbare Geschichte der Wirtschaftswissenschaft aus einer moralischen Perspektive.

ihrem Streben nach Wohlergehen – von ihren moralischen Entscheidungen ab. Tatsache ist: Die frühesten Ökonomen wie zum Beispiel Adam Smith waren Moralphilosophen. Ohne Moralphilosophie würde es die Ökonomie also gar nicht geben. Jedes ökonomische Ziel, ob Gewinnmaximierung, Umsätze oder Wohlstand, hat eine moralische Fundierung. Heute kennen viele Menschen die Ideen von Adam Smith, insbesondere diejenigen, die er in seinem Buch »Der Wohlstand der Nationen« niedergeschrieben hat. In einem anderen Buch, der »Theorie der ethischen Gefühle« schreibt Smith über den Kampf, den wir Menschen zwischen unseren »Leidenschaften« und unserem »inneren Beobachter« führen. Diese Leidenschaften haben direkt mit unseren »animalischen Instinkten« zu tun, die laut John Maynard Keynes, dem britischen Ökonomen aus dem 20. Jahrhundert, unsere Märkte antreiben. Warum also erzähle ich Ihnen von der Verbindung zwischen Moralphilosophie und Ökonomie?

Nun, die Beschäftigung mit der Weisheit klassischer Moralphilosophen kann dazu beitragen, unsere animalischen Instinkte zu zähmen und uns zu besseren Anlegern am Aktienmarkt zu machen. Auf die Gefahr hin, dass ich Sie verwirre, wenn ich noch einen weiteren Philosophen anführe: Ich möchte Ihnen gern Konfuzius vorstellen, einen chinesischen Philosophen aus dem 4. Jahrhundert vor Christus.

»*Zwinge nie anderen auf, was du für dich selbst nicht wählen würdest*«, hat dieser weise Mann einmal gesagt. Dieselbe ethische Regel findet sich auch in alten ägyptischen Schriften und ist in der westlichen Welt in der etwas positiveren Version »*Liebe deinen Nächsten wie dich selbst*« gut bekannt. Dass man sie im Westen kennt, ist nicht überraschend: Hillel, ein jüdischer Religionsführer aus dem 1. Jahrhundert vor Christus, hat das Judentum mit diesem einen Zitat zusammengefasst. Auch

Jesus zeigte mit seinen Lehren, vor allem aber mit seiner Lebensweise, die befreiende Wirkung von radikalem Mitgefühl.[58] Hinzu kommt: Dieselbe goldene Regel findet sich auch in alten Indianer-Schriften, die schon acht (!) Jahrhunderte vor Christi Geburt verfasst wurden, und im Hinduismus und im Islam spielt sie ebenfalls eine wichtige Rolle. Und zuletzt betonen auch alle modernen Philosophen, ob sie agnostisch, atheistisch oder theistisch sind, die Bedeutung dieser goldenen Regel. Mit anderen Worten: Alle Denker scheinen sich einig über sie zu sein.

Kommen wir damit jetzt zur Ökonomie. Ökonomische Modelle haben mit den soeben erwähnten Moralphilosophien etwas gemeinsam: Sie basieren auf einer grundlegenden Annahme. Das Prinzip ist ganz einfach, nämlich dass Menschen lieber mehr Wohlstand wollen als weniger. Ein gesunder Wunsch nach Wohlstand wird *ungesund*, wenn er grenzenlos ist – wenn Sie zum Beispiel mehr Dinge oder Geld wollen, als Sie brauchen, einfach nur um des Besitzens willen. Wie schon Aristoteles festgestellt hat: Zu viel von etwas Gutem wird oft zu etwas Schlechtem. Auf gut Deutsch wird unersättliches Verlangen nach Wohlstand als Gier bezeichnet und allgemein als moralisch falsch angesehen. Ein moderater Wunsch nach Wohlstand aber ist keineswegs falsch. So könnte ein armer Bauer Geld verdienen wollen, um seine Kinder zur Schule zu schicken, was allgemein nicht als unmoralisch gilt. Eine Präferenz für mehr statt weniger Wohlstand ist also an sich nicht moralisch falsch – das wird sie erst, wenn sie eine extreme Ausprägung annimmt. Aus moralischer Sicht stellt die

58 Im Jahr 2013 wurde Jesus vom Magazin *Time* zu einer der einflussreichsten Personen gekürt, die je gelebt haben. Das ist ziemlich paradox, wenn man etwas darüber nachdenkt. Sein Leben war relativ kurz, und seine radikale Botschaft der Liebe machte ihn zu Lebzeiten weder berühmt noch beliebt bei den Machthabern. Er warnte, dass Liebe zu Reichtum, Macht und sogar zur Religion selbst zu Verletzungen der goldenen Regel führen könne.

Kernannahme der Ökonomie also keine Verletzung der goldenen Regel dar.

Einige neuere ökonomische Modelle basieren allerdings auf einer weiteren interessanten Annahme: Menschen wollen am liebsten mehr Wohlstand haben *als andere*. Ist das per se moralisch falsch? Das könnte sein. In manchen Fällen können Vergleiche und Neid heftige negative Gefühle auslösen, und zwar trotz eines absolut gesehen hohen Wohlstandsniveaus (sein Ferrari hat eine goldene Motorhaube und meiner nur eine silberne …).

Die dem zugrunde liegende Emotion ist nachvollziehbar, doch im Rahmen eines ökonomischen Modells ist sie moralisch falsch. Warum? Weil sie einen Verstoß gegen die goldene Regel der Ethik darstellt. Wenn Sie nur deshalb glücklicher werden, weil es jemand anderem schlecht oder schlechter als Ihnen selbst ergeht, dann befinden Sie sich moralisch gesehen auf wackeligem Boden. Auch das Gegenteil ist richtig: Wenn das Glück Ihres Nachbarn Sie unglücklich macht, verstoßen Sie ebenfalls gegen die goldene Regel. Alle Moralphilosophien warnen vor diesem Laster. Selbst in moderater Form sind Eifersucht und Neid falsch. Auch Aristoteles als »der Mann des Mittelwegs« hat Neid verurteilt.

Jetzt aber zurück zur Finanzökonomie. Eines der berühmtesten Modelle aus diesem Bereich ist das Capital Asset Pricing Model (CAPM), das im Jahr 1990 mit einem Nobelpreis ausgezeichnet wurde. Dies ist das Modell, das eine positive Verbindung zwischen Risiko und Rendite voraussagt. Die ganzen Details erspare ich Ihnen, doch allgemein gesagt, trifft dieses Modell einige Voraussagen über Menschen und ihr Verhalten. Beispielsweise geht es davon aus, dass Menschen lieber mehr als weniger wollen und dass sie ihren Wohlstand *nicht mit dem von anderen vergleichen*. Das CAPM arbeitet also mit einigen vorzeigbaren moralischen Annahmen, nämlich dass Menschen mehr Wohlstand gegenüber weniger präferieren, sich aber nicht vergleichen. Ebenso nimmt es einen absoluten Blick auf Wohlstand ein, bei dem das Glücksempfinden nicht vom Vergleich mit dem Wohlstand anderer Anleger verzerrt wird. Die verhaltenspsychologische Annahme, die als Grundlage für dieses berühmte Modell dient, stellt also keinen Verstoß gegen die goldene Ethik-Regel dar.

Wie Sie jedoch in den ersten Kapiteln dieses Buches bereits erfahren haben, versagt das theoretische CAPM kläglich dabei, die tatsächliche Beziehung zwischen Risiko und Rendite zu beschreiben. Es beschreibt eine perfekte Welt, die es gar nicht zu geben scheint. Als Folge davon haben manche Forscher das Modell bereits für tot erklärt, sogar einer seiner frühesten Anhänger. Wenn das CAPM also für empirisches Versagen in Reinform steht, warum sollten wir dann weiterhin damit arbeiten? Interessanterweise wird es an den meisten Finanzfakultäten in aller Welt immer noch als Teil des Standard-Lehrplans unterrichtet. Sogar wenn ich selbst Vorlesungen an der Universität halte, benutze ich es.[59] Insofern könnte man durchaus sagen, dass das Modell noch am Leben ist. Aber warum? Warum sollte irgendjemand – einschließlich mir selbst – mit einem Modell arbeiten, das schon für tot erklärt wurde?

Lassen Sie mich das erklären. Tatsächlich scheitert das Modell daran, die Realität so zu beschreiben, wie sie wirklich *ist*. Es erklärt nicht, wie die Welt tatsächlich funktioniert. Aber es kann als Werkzeug dafür verwendet werden, wie die Dinge sein *sollten*. Zwischen »ist« und »sollte« gibt es einen

---

59 Das CAPM lässt sich auch dafür nutzen, das Anlageparadox besser zu verstehen. Siehe zum Beispiel: Explanations for the Volatility Effect: An Overview Based on CAPM Assumptions. David Blitz, Eric Falkenstein und Pim van Vliet, Journal of Portfolio Management 2013.

wichtigen und manchmal feinen Unterschied. Das Modell beschreibt zwar nicht, wie sich Menschen *wirklich* verhalten, aber man kann damit beschreiben, wie sie sich verhalten *sollten*. Wenn die meisten Anleger gegen die goldene Regel verstoßen und sich ständig mit anderen vergleichen, wird dieses Verhalten dadurch nicht besser. Es ist und bleibt ungesund und ist eine Erklärung für das Risiko-Rendite-Paradox. Wie wir gesehen haben, wird die Finanzbranche von einem relativen Risikorahmen dominiert, und die meisten Anleger vergleichen sich in Wirklichkeit viel zu häufig mit anderen. Dieses kollektive »Übel« kann dafür sorgen, dass ein gutes Modell, das auf soliden Prinzipien basiert, nicht funktioniert. Aber das muss nicht heißen, dass es nicht trotzdem sehr nützlich sein kann.

Meiner Meinung nach sollten Sie das CAPM benutzen, weil Ihnen dieses Modell verrät, welche Anlageentscheidung richtig ist und welche falsch. Es ist ein gutes Werkzeug, um Ihnen dabei zu helfen, kluge und rationale Entscheidungen zu treffen. Zum Beispiel ist es nützlich für Unternehmen, die unterschiedliche interne Investitionsprojekte miteinander vergleichen wollen: Wenn zwei Projekte den gleichen Gewinn erwarten lassen und auch sonst alles andere gleich ist, sollte man ein risikoarmes Projekt gegenüber einem mit höherem Risiko bevorzugen. Auch bei der Entscheidung für den richtigen Anlagefonds kann das CAPM gute Orientierung bieten. Wenn ein Fonds über einen bestimmten Zeitraum eine hohe Rendite erreicht hat, ist es klug, wenn Sie sich fragen, ob ihm das mit niedrigerem oder höherem Risiko gelungen ist. Und zuletzt kann das CAPM auch Fondsmanagern bei der Auswahl von Aktien helfen: Wenn zwei Aktien eine gleich hohe Dividende zahlen, sollten sie sich für die risikoärmere der beiden entscheiden. Laut der CAPM-Theorie kann es solche Unterschiede zwar gar nicht geben, doch in der Realität ist es eben so. Und wie wir dieses gesamte Buch über gesehen haben, können Sie mit konservativen Aktien reich werden, während Sie mit riskanten Aktien arm werden.

An dieser Stelle bietet sich eine Analogie zu Gesundheit an. Der Theorie nach müsste jeder Mensch täglich mindestens 30 Minuten Sport machen, um gesund zu bleiben; dies ist ein gutes Modell für die Gesundheit. In der Praxis aber sind die meisten Menschen zu passiv und bewegen sich zu wenig. Das Modell beschreibt also nicht, wie sich Menschen wirklich verhalten. Aber bedeutet das, dass die Theorie falsch ist und dass Sie mit Sport aufhören sollten? Die Antwort lautet natürlich Nein – das Modell bietet eine gute Orientierung dazu, wie Menschen sich verhalten sollten. Dasselbe gilt für das Finanzmodell. Das CAPM ist tot, lang lebe das CAPM!

Mit anderen Worten: In diesem Buch geht es um Menschen, die nicht immer der Theorie entsprechend agieren. Wir müssen einfach hinnehmen, dass der Aktienmarkt von Menschen und ihren Emotionen sowie ihrem Wunsch, sich zu vergleichen, getrieben wird. Interessanterweise lässt diese Tatsache Chancen für diejenigen entstehen, die ihre »Leidenschaften« und »animalischen Instinkte« kontrollieren können und sich tugendhaft verhalten. Im Fall der Geldanlage könnten Anleger schlicht damit beginnen, dass sie die alte goldene Regel beachten und sich nicht mehr vergleichen. Wenn Sie das tun, wird Ihnen klassische Weisheit dabei helfen, bessere Anlageentscheidungen zu treffen. Auf diese Weise versetzen Sie sich also selbst in die Lage, hohe Renditen mit risikoarmen Aktien zu erzielen. Ganz schön paradox, oder?

»Zwinge nie anderen auf, was du nicht für dich selbst wählen würdest.«

Kapitel 16: Das Paradox ist überall

Risikoarme Aktien schlagen risikoreiche Aktien: eine unbequeme Wahrheit. Unbequem ist sie deshalb, weil dieses Ergebnis beweist, dass die Standardmodelle falsch sind. Trotzdem aber wird immer noch weithin akzeptiert und auch in so gut wie allen Finanzmodellen und Lehrbüchern angenommen, dass mehr Risiko zu höheren Renditen führen *sollte*. So ist es aber nicht. Ist es deshalb Zeit, sich von dieser verbreiteten Weisheit über Geldanlage zu verabschieden?

Vielleicht. Aber halten wir einen Moment inne – und bitte bleiben Sie skeptisch. Nehmen wir eine breitere Perspektive ein und schauen wir uns noch weitere Daten an. Denn es könnte ja sein, dass vergangenheitsbezogene Kennzahlen wie Volatilität oder Beta nicht die besten Methoden sind, um das Risiko von Aktien zu erkennen oder zu messen. Ist das Anlageparadox auch dann noch robust, wenn man andere, grundlegendere Risikokennzahlen verwendet? Schauen wir uns zum Beispiel den Verschuldungsgrad an: Ein finanziell stark gehebeltes Unternehmen ist zur Finanzierung seines Betriebs stärker auf Schulden angewiesen als auf Eigenkapital und bringt dadurch mehr Risiko für Anleger, die seine Aktie halten. Der Beweis dafür? Aktien von Unternehmen mit höherem Verschuldungsgrad weisen unterdurchschnittliche Renditen auf.[60] Das Glei-

60 The Book-to-Price Effect in *Stock Returns: Accounting for Leverage*, Stephen Penman, Scott Richardson und Irem Tuna, Journal of Accounting Research 2007.

che gilt allgemein für Unternehmen, bei denen – gemessen an verschiedenen Faktoren – eine höhere Wahrscheinlichkeit dafür besteht, dass sie in eine finanziell problematische Situation (wie eine Zahlungsunfähigkeit) geraten.[61] Diese Befunde untermauern die Robustheit unserer Ergebnisse, denn sie zeigen, dass die »unbequeme Wahrheit« nicht entscheidend davon abhängt, welche Definition für Risiko man verwendet.

Ein Blick auf die robusten langfristigen Belege bei US-Aktien rechtfertigt die Schlussfolgerung, dass höheres Risiko auf diesem Markt tatsächlich nicht zu höheren Renditen führt. Allerdings konzentrieren sich die meisten wissenschaftlichen Untersuchungen auf Daten für die USA, während sich die Mehrzahl der globalen Aktienmärkte natürlich außerhalb dieses Landes befindet. Damit stellt sich die Frage, ob das Paradox auch auf internationalen Aktienmärkten zu beobachten ist. Ja, das ist es. Wie Robert Haugen gezeigt hat, schlagen risikoarme Aktien risikoreiche in *33 Ländern* rund um die Welt.[62] Auch David Blitz und ich haben Belege dafür auf europäischen, japanischen und Schwellenländer-Aktienmärkten gefunden. Und noch mehr: Eingehende historische Analysen bis zurück ins Jahr 1873 zeigen, dass sich risikoarme Aktien an der belgischen Börse schon damals besser entwickelt haben als solche mit hohem Risiko.[63]

Eine weitere Möglichkeit zur Untersuchung der Beziehung zwischen Risiko und Rendite besteht darin, Gruppen von Aktien – beispielsweise in Ländern, Sektoren oder sogar Fonds – zu betrachten. Elroy Dimson zum Beispiel hat 107 Jahre an Daten für 17 internationale Aktienmärkte analysiert. Seine Arbeit

61 In Search of Distress Risk, John Campbell, Jens Hilscher und Jan Szilagyi, *Journal of Finance*, 2008.

62 Low Risk Stocks Outperform Within all Obervable Markets of the World, Robert Haugen und Nardin Baker, SSRN-Abstract Nr. 2055431.

63 Cross-Sectional Predictability of Stock Returns, Evidence from the 19th Century Brussels Stock Exchange (1873–1914), Jan Annaert und Lord Mensah, Exploration in Economic History 2014.

lieferte mehrere faszinierende Ergebnisse, unter anderem, dass riskante Aktienmärkte keine höheren Renditen bieten als risikoarme.[64] Und wie sieht es mit nach Branchen gruppierten Aktien aus? Zusammen mit Ronald Doeswijk habe ich eine globale Datenbank dazu aufgebaut und dabei festgestellt, dass zyklische Sektoren keine bessere Performance zeigen als defensive Sektoren.[65] Joop Huij wiederum hat Risiko und Rendite von Publikumsfonds untersucht, um die Frage zu klären, ob Fonds, die in risikoarme Aktien investieren, höhere Renditen erreichen als andere. Wahrscheinlich werden Sie vom Ergebnis seiner Analyse jetzt nicht mehr überrascht sein: Tatsächlich entwickeln sich die vorsichtigen Fonds besser.[66]

Eine merkwürdige Eigenschaft von uns Menschen ist: Sobald wir uns einer Tatsache bewusst geworden sind, sehen wir sie überall. Erst fällt sie nicht weiter auf, aber wenn man sie einmal entdeckt hat, findet man überall Bestätigungen dafür. Zum Beispiel sehen Sie plötzlich überall Schwangere, wenn eine Person in Ihrem Umfeld ein Kind bekommt. Oder Sie erfahren von einem schicken neuen Auto – und schon sehen Sie es auf allen möglichen Straßen herumfahren. Dasselbe gilt für das Anlageparadox: Wenn es Ihnen erst einmal bewusst geworden ist, sind Sie ganz erstaunt von der enormen Menge an Belegen, die allerorten dafür zu finden sind. Und dann fragen Sie sich, warum Sie nicht schon viel früher darauf aufmerksam geworden sind.

Schauen wir uns noch ein paar weitere Belege an. Wie sieht es mit anderen Anlageklassen aus, zum Beispiel bei Anleihen,

---

64 Equity Premiums Across the World, Elroy Dimson, CFA Institute Research Foundation.

65 Global Tactical Sector Allocation: A Quantitative Approach, Ronald Doeswijk und Pim van Vliet, *Journal of Portfolio Management* 2011.

66 Academic Knowledge Dissemination in the Mutual Fund Industry: Can Mutual Funds Successfully Adopt Factor Investing Strategies? Eduard van Gelderen und Joop Huij, *Journal of Portfolio Management* 2014.

Währungen oder Rohstoffen? All das sind Märkte mit einem Volumen von vielen Billionen Dollar, genau wie bei Aktien. Beginnen wir mit Anleihen. Diese sind allgemein weniger riskante Anlagemöglichkeiten als Aktien. Überlegen Sie einfach: Als Anleihen-Investor leihen Sie einem Unternehmen (oder Land) Geld, und im Gegenzug bekommen Sie regelmäßige Zinszahlungen und am Ende der Laufzeit Ihre Investition zurück. Üblicherweise ist der Coupon umso höher, je länger die Laufzeit ist. Denn eine längere Laufzeit bedeutet zugleich höheres Risiko, weil Ihre Anleihe sensibler für steigende Zinsen wird. Als Ausgleich für dieses höhere Risiko verlangen Anleger im Allgemeinen einen höheren Coupon für solche Anleihen.

Eine weitere Dimension für das Risiko für Anleihen- wie Aktienanleger ist neben der Laufzeit die Kreditwürdigkeit. Das größte Risiko für Anleihenanleger besteht darin, dass das Unternehmen zahlungsunfähig wird und sie ihr Geld nicht zurückbekommen. Um ihnen dabei zu helfen, mit diesem Risiko umzugehen, vergeben Ratingagenturen wie Moody's oder Standard and Poor's (S&P) Bewertungen für den Risikograd von Unternehmen. Sogenannte »Junk«- oder »High-Yield«-Anleihen weisen ein höheres Risiko auf als »Investment-Grade«-Anleihen. Erbringen diese risikoreicheren Anleihen mehr Rendite als weniger riskante? Die kurze Antwort lautet Nein. Junk-Anleihen zahlen zwar höhere Zinsen, doch diese Zusatzeinnahmen reichen nicht aus, um die höhere Zahl an Zahlungsausfällen auszugleichen.[67] Wenn Sie als Anleihenanleger ein höheres Risiko eingehen, wird das also nicht mit mehr Rendite belohnt. Mein Kollege Patrick Houweling beschäftigt sich seit mittlerweile rund zwei Jahrzehnten mit dem Markt für Unternehmensanleihen. Er verwaltet eine Fondsfamilie mit einem Volumen von mehreren Milliarden Dollar, die in Unternehmensanleihen mit niedrigem Risiko investiert. Bei seinen Analysen hat

---

67 Defaults and Returns on High-Yield Bonds, Edward Altman und Gaurav Bana, *Journal of Portfolio Management*, 2004.

er festgestellt, dass risikoarme Anleihen hohe risikobereinigte Renditen liefern und dass Income und Momentum bei ihnen eine wichtige Rolle spielen – so wie es auch am Aktienmarkt zu beobachten ist.[68] Selbst bei Investitionen in Unternehmensanleihen sollte man also die Dreier-Regel beachten.

Und wie sieht es bei Rohstoffen aus? Auf diesem riesigen Markt spielt sich der Großteil des Handels bei Derivaten auf die zukünftigen Preise von Rohstoffen wie Öl, Kupfer, Gold, Weizen oder sogar Schweinebäuchen ab. Edelmetalle wie Gold sind konservativere Rohstoffe als solche aus dem Energiebereich wie etwa Gas, die eine höhere Volatilität aufweisen. Und lassen sich mit risikoreichen Rohstoffen auch bessere Renditen erzielen als mit risikoarmen? Ich hoffe, Sie langweilen sich nicht schon, aber auch hier ist die Antwort wieder ein deutliches »Nein«.[69]

Schauen wir uns eine weitere Form von Derivaten an, nämlich Optionen. Die Menschheit handelt schon seit Jahrhunderten mit ihnen – erste Erwähnungen von Optionen gibt es bereits in frühen griechischen und chinesischen Schriften. Heutzutage werden diese Finanzinstrumente manchmal als »Aktien des armen Mannes« bezeichnet. Denn wenn Sie eine deutliche Meinung haben, aber nicht genügend Geld, um in ein bestimmtes Wertpapier zu investieren, können Sie stattdessen eine Option darauf kaufen. Interessanterweise sind die Renditen von Optionen allgemein niedrig, und je riskanter eine Option, desto niedriger ist ihre Rendite. Auch beim Optionsmarkt gibt es also Belege für eine negative Beziehung zwischen Risiko und Rendite.[70]

68 Factor Investing in the Corporate Bond Market, Patrick Houweling und Jeroen van Zundert. SSRN-Abstract Nr. 2516322, 2015.
69 Strategic Allocation to Commodity Factor Premiums, David Blitz und Wilma de Groot, *Journal of Alternative Investments*, 2014.
70 Stock Option Returns: A Puzzle. Sophie Ni, SSRN-Abstract Nr. 1259703, 2008.

Lotterielose haben in mehrerlei Hinsicht Ähnlichkeit mit Optionen. Beispielsweise können kleine Investitionen auch hier sehr hohe Renditen bringen. Denken Sie an die Casino-Meile von Las Vegas oder die Skyline von Macau, und sie werden sofort erkennen, dass für Glücksspiel viel Geld ausgegeben wird. Außer Spaß liefern uns diese »Märkte« eine weitere Gelegenheit, etwas über menschliches Verhalten zu erfahren und darüber, welche Arten von Risiken wir am liebsten mögen. Sowohl bei Lotterien als auch bei Pferderennen gibt es die sogenannte »Long Shot«-Verzerrung. Sie bezeichnet die Neigung von Spielern, diejenigen Wetten zu hoch zu bewerten, die eine sehr niedrige Eintrittswahrscheinlichkeit haben, dann aber eine sehr hohe Auszahlung bringen. Mit anderen Worten: niedrige Wahrscheinlichkeit, aber hoher potenzieller Gewinn. Für die meisten Menschen scheint diese Art von Wetten unwiderstehlich zu sein. Erik Snowberg und Justin Wolfers haben sich die Daten zu mehr als 200.000 Pferderennen angesehen und festgestellt, dass die Durchschnittsrendite dabei insgesamt -23 Prozent betrug, die für die riskantesten »Long Shots« aber nur -61 Prozent.[71] Auch bei Pferderennen gilt also: »Hohes Risiko ist nicht das Gleiche wie hohe Rendite.«

Das Paradox ist noch auf weiteren Märkten zu beobachten. Auch im Geschäft mit Hollywood-Filmen zum Beispiel wird Risiko nicht belohnt.[72] Bei Private Equity schneiden konservativere »Buyout-Fonds« ebenfalls besser ab als riskantere

71 Explaining the Favorite Long-shot Bias: Is It Risk-love or Misperceptions. Erik Snowberg und Justin Wolfers, NBER-Paper Nr. 15923, 2010. Die Autoren testen auch, ob die Spieler eher die Chance schätzen, viel Geld zu gewinnen, oder ob sie die Wahrscheinlichkeit dafür falsch bewerten. Wie sie zeigen, lässt sich das Verhalten mit der Fehleinschätzung des Risikos besser erklären. Dies ist eine Widerlegung der Erwartungsnutzentheorie, entspricht aber der kumulativen Prospect-Theorie.

72 Hollywood Economics: How Extreme Uncertainty Shapes the Film Industry. Arthur De Vany, 2004.

Wagniskapital-Investitionen.[73] Häuser sind eine riskante Anlagemöglichkeit, doch häufig bringen sie nicht einmal einen Inflationsausgleich, wenn man die Kosten für ihre Pflege mit einrechnet. Falls Sie Interesse an diesem Thema haben: Das Buch »The Missing Risk Premium: Why Low Volatility Investing Works« stellt diese und andere Beispiele detaillierter vor.

Die Belege finden sich also überall und sind keineswegs auf einen kleinen Bereich eines einzelnen Marktes begrenzt.[74] Aktienmärkte rund um die Welt, Fonds, Anleihenmärkte, Rohstoffmärkte und Optionsmärkte: Auf ihnen allen ist das Anlageparadox zu entdecken. Auf keinem dieser Märkte lässt sich mit mehr Risiko eine höhere Rendite erzielen. Allerdings sollte man hier nicht dem Bestätigungsfehler (Englisch: confirmation bias) zum Opfer fallen.[75] Denn es ist zwar richtig, dass das Eingehen von Risiken innerhalb all der genannten Einzelmärkte nicht belohnt wird. *Marktübergreifend* betrachtet aber, zum Beispiel zwischen Anleihen und Aktien, lassen sich mit etwas Marktrisiko durchaus höhere Renditen erzielen. Erstens, indem man in konservativere Anleihen mit kürzeren Laufzeiten und guten Kredit-Ratings investiert – denn langfristig entwickeln sich solche risikoarmen Anleihen besser als noch risikoärmere Alternativen wie ein Sparbuch. Zweitens durch Geldanlage in risikoarmen Aktien: Auch konservative Aktien liefern mehr Rendite als risikoärmere Anlageklassen wie Anleihen oder Liquidität. *Innerhalb* fast jedes Einzelmarktes wird Risiko also nicht belohnt. *Über* die zwei Anlageklassen

---

73 The Performance of Private Equity Funds. Ludovic Phalippou und Oliver Gottschalg, *Review of Financial Studies*, 2009.

74 Zu Aktien, Anleihen, Währungen und Rohstoffen: Betting Against Beta. Andrea Frazzini und Lasse Pedersen, *Journal of Financial Economics*, 2014.

75 Der Bestätigungsfehler bezeichnet unsere Tendenz, Informationen so zu suchen, zu interpretieren und zu erinnern, dass vorher bestehende Überzeugungen oder Hypothesen bestätigt werden – https://de.wikipedia.org/wiki/Bestätigungsfehler.

Anleihen und Aktien *hinweg* aber gibt es durchaus eine bescheidene Belohnung für Risiko.[76]

Ich hoffe, all die Belege sorgen nicht etwa dafür, dass Sie jetzt ein extrem risikoscheuer Anleger werden. Denn das ist nicht meine Absicht. Aber denken Sie an die goldene Mitte – wahre Tugend lässt sich oft zwischen den zwei Extremen finden. Risiko ist nicht in allen Fällen schlecht, aber seien Sie sich bitte der Tatsache bewusst, dass es *fast* immer keine Belohnung dafür gibt. Als Daumenregel sollten Sie alles vermeiden, was aussieht wie ein Lotterielos oder eine sehr hohe Rendite verspricht. Verzichten Sie auf extrem unwahrscheinliche Wetten, beim Pferderennen wie bei der Geldanlage. Und denken Sie auch an die gute Nachricht: Sie können positive Renditen erzielen und ihr Vermögen vermehren, indem sie ein *begrenztes* Risiko auf den Märkten für Anleihen und Aktien eingehen.

76 Dass es eine Risikoprämie für Anleihen und Aktien gibt, spricht dafür, dass Anleger in der Phase der Entscheidung über die Aufteilung ihrer Anlagen (Phase I) risikoavers sind, dann aber ihr Verhalten verändern, wenn sie Wertpapiere innerhalb der einzelnen Märkte auswählen (Phase II). Zwar agieren viele Anleger so, doch in den meisten Modellen wie etwa dem CAPM wird dies nicht berücksichtigt.

Kapitel 17: Wird das Paradox bestehen bleiben?

Der dänische Philosoph Søren Kierkegaard hat einmal gesagt: *Das Leben kann nur rückwärts verstanden werden, doch leben sollte man es vorwärts.* Den Großteil dieses Buches über haben wir versucht, zurückzublicken, um das Paradox besser zu verstehen und herauszufinden, ob wir es für die Entwicklung einer Anlagestrategie nutzen können. Aber lassen wir die Geschichte jetzt für einen Augenblick beiseite und konzentrieren uns stattdessen auf die Zukunft. Was wird passieren, wenn jeder anfängt, konservative Aktien zu kaufen und einen Bogen um risikoreiche Aktien zu machen? Könnte das Anlageparadox dann verschwinden?

Ja, das ist durchaus möglich. Aber es ist unwahrscheinlich. Tatsächlich könnte das Anlageparadox mit der Zeit sogar noch stärker werden. Die Zukunft der Anlage in konservativen Aktien ist zwar ungewiss, aber wir können trotzdem versuchen, einige Prognosen zu treffen. Beginnen wir, indem wir noch einmal festhalten, warum es das Anlageparadox überhaupt gibt: Der Grund für seine Existenz ist das Verhalten von Anlegern. Als Erstes müssen sie es *sehen,* zweitens müssen sie *in der Lage* sein, es zu nutzen, und drittens müssen sie auch *bereit* sein, davon zu profitieren. Schauen wir uns diese drei Voraussetzungen einzeln an.

Das Paradox sehen

Die zunehmende Zahl von Studien über das Paradox sowie von Fonds, die auf wenig volatile Aktien setzen, zeigt deutlich, dass das Paradox von immer mehr Anlegern erkannt wird. Auch dieses Buch belegt das Vorhandensein des Paradoxes, und wenn es von vielen Anlegern gekauft und gelesen wird, wird das Bewusstsein dafür noch weiter zunehmen. Als Folge davon nimmt die Zahl der Anleger, die sich des Paradoxes noch nicht bewusst sind, allmählich ab. Diese Entwicklung könnte auf ein allmähliches Verschwinden des Paradoxes in der Zukunft hinauslaufen, wenn irgendwann alle Anleger es »sehen« – und auch entsprechend handeln. Dieser Punkt ist also recht einfach. Schauen wir uns jetzt die zweite Voraussetzung an.

In der Lage sein, es zu nutzen

Nicht viele der Anleger, die das Paradox sehen, können auch davon profitieren. Wichtig in diesem Zusammenhang: Bis in die 1990er Jahre wurden die meisten Aktien von Anlegern direkt gehalten und verwaltet. Erst in den letzten Jahrzehnten ist eine stärkere Trennung entstanden zwischen den Personen, die Aktien *besitzen*, und denjenigen, die sie *verwalten*. Ein großer und wachsender Anteil des Aktienmarkts befindet sich heute in den Händen von kollektiven Anlageprogrammen wie Pensionsfonds oder Staatsfonds. Gleichzeitig wird auch immer Geld über Publikumsfonds oder ETFs investiert. Als Folge davon machen professionelle Anlageverwalter mittlerweile einen großen und wachsenden Anteil des gesamten Aktienmarktes aus. Vermögensverwaltungsgesellschaften sind hauptsächlich an ihren eigenen Einnahmen und Gewinnen interessiert. Doch den Portfoliomanagern, die bei ihnen arbeiten, geht es stärker um etwas anderes: Wie Sie aus Kapitel 7 vielleicht noch wissen, gilt ihr Hauptinteresse tendenziell der eigenen Karriere, und sie werden bezahlt, damit sie Risiken *eingehen*, nicht um sie zu *verringern.* Das wiederum bedeutet, dass ein immer kleinerer Teil des Aktienmarktes in der Lage ist, von dem Paradox zu profitieren. Das ist vollkommen verständlich und wird sich so lange fortsetzen, wie Fondsmanager konsistent besser abschneiden müssen als ihre Benchmark. Aus der Sicht dieser Profis werden konservative Aktien auch weiterhin »riskant« sein und deshalb vermieden werden, unabhängig davon, ob sie sich der Existenz des Anlageparadoxes vollkommen bewusst sind oder nicht.

Vielleicht fragen Sie sich, ob irgendetwas diese Situation verändern könnte? Nun, das erscheint tatsächlich leicht möglich, dann nämlich, wenn beispielsweise *Performance*-Benchmarks durch *Risiko*-Benchmarks ersetzt würden. Aber ist wahrscheinlich, dass es in näherer Zukunft dazu kommt? Derzeit gibt es keine Anzeichen dafür, dass etwas Derartiges aktuell oder bald passieren könnte, hauptsächlich aufgrund der Tatsache, dass es ziemlich schwierig ist, Risiko zu definieren. Auch das kurze Gedächtnis von Anlegern trägt eher nicht dazu bei. Direkt nach einer Krise wie der im Jahr 2008 scheinen die meisten von ihnen zwar mehr Risikobewusstsein zu entwickeln, doch wenn sich die Märkte erholen und erneut zu steigen beginnen, geht die Angst schnell wieder verloren. Die Leiden in einem Bärenmarkt werden bald vergessen, und aus jeglicher Fokussierung auf Risiko wird schnell wieder Konzentration auf Rendite und überdurchschnittliche Performance. Und auch die Aufsichtsbehörden sollten wir nicht vergessen, denn deren Einfluss auf die Aktienkurse nimmt ebenfalls zu: Nach den von ihnen verwendeten Modellen sind alle Aktien gleichermaßen riskant, was eine einfache, aber gefährliche Annahme darstellt. Denn sie bringt einen Anreiz für professionelle Anleger, mehr Risiken auf sich zu nehmen, weil sie für den Kauf von riskanten Aktien nicht bestraft werden.

Diese Trends zu verstärkter Regulierung und erhöhter Bedeutung von professionellen Anlegern in der Vermögensverwaltung werden dazu beitragen, dass das Paradox von Dauer ist. Ein weiterer offensichtlicher Trend, der ebenfalls seine fortgesetzte Existenz unterstützt, sind die zunehmenden Investitionen in passive marktgewichtete Indizes: Anleger, die sich entscheiden, Marktindizes nachzubilden, beschließen gleichzeitig aktiv, nicht in der Lage zu sein, von dem Paradox zu profitieren. Wenn sich diese drei Trends fortsetzen, können wir davon ausgehen, dass das Paradox in Zukunft sogar noch stärker wird.

Bereit sein, zu profitieren

Sie mögen das Paradox sehen können und in der Lage sein, es zu Ihrem Vorteil zu nutzen, aber sie müssen dazu auch bereit sein. Viele Anleger lassen sich von einer Mischung aus Hoffnung und Selbstüberschätzung in die riskantesten Bereiche des Aktienmarktes locken. Sie neigen dazu, zu viel für »lotterieartige« Aktien zu bezahlen, weil sie darauf hoffen, damit reich zu werden oder etwas Tolles erzählen zu können. Denken Sie einfach noch einmal an mein Fokker-Abenteuer: Derlei risikofreudiges Verhalten hat oft ein bitteres Ende. Allerdings können wir daran nicht sehr viel ändern. Unsere Risikofreude ist absolut nachvollziehbar und basiert auf tief verwurzelten menschlichen Instinkten.

Hinzu kommt: Man muss auch ziemlich geduldig und bereit sowie in der Lage sein, über einen vollständigen Marktzyklus hinweg zu investieren. Wie ich in Kapitel 13 schon erklärt habe, ist Geduld eine Tugend, an der es vielen Menschen fehlt: *Wir wollen alles, und zwar sofort!* Wir neigen – und zwar sehr stark – dazu, an der Börse viel zu aktiv zu sein und zu viel zu handeln. Wenn wir all diese menschlichen Verhaltensweisen zusammennehmen, kommt es mir nicht sehr wahrscheinlich vor, dass sich unsere Eigenschaften und Instinkte verändern werden, und das unterstützt ebenfalls die fortgesetzte Existenz des Anlageparadoxes. Bereits Hegel – um auch einmal einen deutschen Philosophen zu zitieren – hat angemerkt: *Die Geschichte lehrt uns, dass wir dazu neigen, nicht aus der Geschichte zu lernen.*

Erstens muss man das Paradox sehen, dann muss man in der Lage sein, es zu nutzen, und schließlich muss man auch bereit sein, auf seiner Grundlage zu investieren. Dies sind, in aller Kürze, die drei Bedingungen, die erfüllt sein müssen, bevor irgendjemand damit beginnen kann, in die hier vorgestellten Arten von Aktien zu investieren. Vielleicht ist das zugleich die Erklärung dafür, warum das Volumen des in solche Strategien angelegten Vermögens noch immer relativ gering ist, obwohl das Paradox schon vor mehr als 40 Jahren erstmals entdeckt wurde. Meiner Meinung nach wird es zwar an Bekanntheit gewinnen, doch es gibt allen Grund zu der Annahme, dass das Paradox weiterhin existieren und vielleicht sogar noch ausgeprägter werden wird.

Kapitel 18: Abschließende Überlegungen

Blaise Pascal, ein Philosoph aus dem 17. Jahrhundert, hat einmal angemerkt: *Ich hätte diesen Brief gern kürzer gemacht, aber mir fehlte die Zeit dafür.* Das ist ein weiteres Paradox, das ich sehr mag und das mich dazu gebracht hat, zu versuchen, diese Geschichte so kurz wie möglich und den Inhalt »so einfach wie möglich, aber nicht einfacher« zu halten. Beenden möchte ich sie mit ein paar abschließenden Gedanken und persönlichen Überlegungen.

Was mich neben evidenzbasierter Geldanlage ebenfalls fasziniert, ist Geschichte – vor allem Wirtschaftsgeschichte über mehrere Jahrhunderte Zivilisation. Aus dieser Sicht machen die Belege zum Aktienmarkt, die ich in diesem Buch präsentiere, einen relativ kurzen Zeitraum aus, weil sie nur bis in die 1920er Jahre zurückreichen. Auch das sind zwar einige Jahrzehnte, aber in diesen ist nur eine begrenzte Zahl von vollständigen Konjunkturzyklen enthalten. Interessanterweise handelt es sich bei den ältesten Institutionen der Welt nicht etwa um Unternehmen. Deren Ziel liegt oft darin, höhere Gewinne zu erzielen, und sie haben eine durchschnittliche Lebensdauer von nur ein paar Jahrzehnten. Tatsächlich gibt es nur wenige börsennotierte Unternehmen schon seit mehr als 100 Jahren.[77] Akademische Institutionen dagegen – also solche, denen es um die Vermehrung von Wissen geht – können leicht über mehrere Jahrhunderte hinweg existieren. Die älteste Universität in Bologna ist mehr als 900 Jahre alt, und auch die Akademie von Platon existierte einige Jahrhunderte lang. Manche Institutionen halten sich sogar noch länger. Mehrere orientalische Kirchen zum Beispiel gibt es seit fast zwei Jahrtausenden, und die Lehren von Aristoteles und Konfuzius inspirieren auch nach 2500 Jahren noch viele Menschen.

Gewinnorientierte Unternehmen und *wissensorientierte* Philosophien haben also unterschiedliche zeitliche Wirkungshorizonte, und Wissen schlägt Gewinn eindeutig. Laut der Bibel wählte König Salomon vor allen anderen Dingen Weisheit; weil er damit die richtige Entscheidung trifft, bekommt er am Ende auch Reichtum und Macht. Ich bin der Meinung, dass dies die korrekte Reihenfolge ist: Um mit Reichtum und Macht umzugehen, braucht man Weisheit.

Was also bedeutet das für mich als Fondsmanager, der das Geld anderer Menschen verwaltet? Wie finde ich das richtige Gleichgewicht zwischen Weisheit und Wohlstand? Nun, zunächst einmal gibt es meinen Beruf überhaupt nur deshalb, weil unsere Kunden Vertrauen in uns setzen. Man braucht Vertrauen, um eine Entscheidung zu treffen, und Weisheit, damit es die richtige ist. Ich möchte dafür sorgen, dass unsere Kunden das Gefühl haben, dass es eine weise Entscheidung war, uns die

---

77 Aktienmärkte sind ein relativ modernes Phänomen – die erste Börsennotierung fand im Jahr 1602 statt. Als erstes Unternehmen der Welt brachte die Dutch East India Company Aktien an die Amsterdamer Börse. In vormodernen Zeiten wurden auf dem Forum in Rom Anteile an den als »publicani« bezeichneten Kapitalgesellschaften gehandelt. In Japan gibt es seit mehr als einem Jahrtausend nicht börsennotierte Unternehmen. Kongō Gumi etwa wurde im Jahr 578 gegründet und hörte erst 2006 auf zu existieren. Interessanterweise baute das Unternehmen buddhistische Tempel, bediente also Menschen, die nach Weisheit suchen.

Verwaltung ihres Geldes anzuvertrauen. Mehrere Grundsätze tragen dazu bei, dass ihr Erspartes geschützt wird.

Erstens ist Fondsmanagement eine Teamleistung. Dies hilft dabei, alle Entscheidungen transparent zu machen und einer kritischen Betrachtung zu unterziehen. Zweitens arbeiten wir auf der Grundlage einer gut bekannten Anlagephilosophie. Wir nutzen einen evidenzbasierten Ansatz, um herauszufinden, was am Aktienmarkt funktioniert, und setzen diese Erkenntnisse in eine umsichtige und nachvollziehbare Anlagestrategie um. Drittens reden wir nicht nur, sondern investieren selbst in die Fonds, die wir verwalten. Mein persönliches Vermögen zum Beispiel habe ich größtenteils im Conservative Equity Fund angelegt, der über hunderte von Aktien hinweg diversifiziert ist. Und zuletzt werden unsere Fonds über Zeiträume von mehreren Jahren sowie auf risikobereinigter Basis bewertet. Der letzte Punkt ist in der Vermögensverwaltungsbranche ziemlich ungewöhnlich. Diese gemeinsamen Prinzipien schaffen ein gutes Gleichgewicht und lassen mich nachts gut schlafen.

Darüber hinaus gibt es noch einen weiteren Faktor, der mir ein Gefühl der Sinnhaftigkeit vermittelt: das Wissen, dass der Markt ein wenig effizienter werden könnte, wenn ich in risikoarme Aktien investiere, die von anderen Anlegern nicht genügend Kapital bekommen. Ich halte das für wichtig, denn es wurde bewiesen, dass ein richtig funktionierender Aktienmarkt wichtig für Gesundheit und Wohlstand der Nationen ist.

Den tiefsten Sinn finde ich aber auf einer persönlichen Ebene. In meinem täglichen Leben macht es mich glücklich, wenn ich versuche, ein tugendhaftes Leben zu führen. Ich glaube, dass die wichtigste aller Tugenden Liebe ist, sogar noch wichtiger als die Tugenden, die ich bisher genannt habe. In der schnellen Welt der Finanzen ist es wichtig, gelassen zu bleiben und regelmäßig einen Schritt zurückzutreten. Einfach bei der goldenen Regel zu bleiben, gibt mir ein Gefühl der Zusammengehörigkeit und ist eine Aufgabe, die groß genug ist, um mir für den Rest meines Lebens eine zufriedenstellende Beschäftigung zu geben.

Und was bedeutet all das für Sie, liebe Leser? Nun, Sie haben erfahren, dass risikoarme Aktien risikoreiche Aktien schlagen. Sie haben eine ganze Menge Belege für das Anlageparadox gesehen. Wenn Sie sich seiner erst einmal bewusst sind, entdecken Sie es plötzlich überall um Sie herum. Investieren Sie geduldig und vermeiden Sie alles, was »schnell« ist wie ein Hase. Die beste Möglichkeit, Erfolg zu haben, besteht darin, an der Dreier-Regel festzuhalten. Achten Sie, wenn Sie Aktien oder andere Wertpapiere auswählen, auf Risiko, Income und Momentum.

Eine Dreier-Regel lässt sich zudem auch auf die Art und Weise anwenden, wie Sie als Mensch investieren. Erleben Sie *erstens* Geldanlage in konservative Aktien ein paar Jahre lang für sich selbst und lassen Sie sich von Kierkegaard dazu inspirieren, den größten Sieg von allen zu erringen. Wenden Sie *zweitens* die goldene Regel der Ethik an und hören Sie auf, Ihre Performance mit der von anderen zu vergleichen. Gewöhnen Sie sich ein wenig konfuzianische Weisheit an, denn das wird Sie wahrscheinlich glücklicher und wohlhabender machen. Denken Sie *drittens* an die goldene Mitte. Lassen Sie sich von Aristoteles dabei helfen, genau das richtige Maß an Risiko einzugehen, nicht zu viel, aber auch nicht zu wenig. Denn extrem risikoaverses Verhalten ist auch nicht gut – es muss immer ein paar Anleger geben, die noch bereit sind, riskante Aktien zu kaufen. Allerdings würde ich jedem empfehlen, sich von abstürzenden Flugzeugherstellern aus den Niederlanden fernzuhalten ...

Lassen Sie mich zum Abschluss meiner Hoffnung Ausdruck verleihen, dass einige der in diesem Buch enthaltenen Erkenntnisse Ihnen dabei helfen werden, ein klügerer Anleger zu werden. Mein Vater hat die Geschichte schon gelesen und fühlte sich geehrt, dass er der Erste war. Außerdem hat er die Botschaft verstanden und mochte die Metaphern und persönlichen Anekdoten. Unsere Kinder lachen und fangen an zu tanzen, wenn ich zuhause das Wort »Volatilität« benutze. Und meine liebe Ehefrau hat frech bemerkt, dass ich auf dem Bild unten attraktiver aussehe als in Wirklichkeit ...

Ich hoffe, dass diese Geschichte über Risiko und Rendite Sie zum Staunen gebracht hat, aber auch zum Lächeln.

Epilog:
Die Sicht von Jan de Koning

Moment mal – habe ich nicht gerade ein Buch über Risiko und Rendite gelesen, geschrieben von einem niederländischen Fondsmanager namens Pim van Vliet? Wer ist dann bitte Jan de Koning, und warum sollte ich mich für seine Sicht interessieren?

Es stimmt, Sie haben gerade Pim van Vliets Ansichten über Risiko und Rendite und ihre Bedeutung für die Geldanlage und das Leben im Allgemeinen gelesen. Aber um ehrlich zu sein, Sie waren nicht allein, als er Ihnen von dem Paradox der »hohen Renditen mit niedrigem Risiko« berichtet hat. Ganz im Gegenteil: Das ganze Buch über war auch ich dabei. Mit Ihnen und *für* Sie. Denn wissen Sie, Pim ist zwar eigentlich ziemlich entspannt, aber manchmal kann er etwas zu ernst und philosophisch werden. Also habe ich ihn dazu gedrängt, seine durchaus ernste Botschaft auf eine entspannte, manchmal witzige und gut gelaunte Weise zu vermitteln, sodass Sie ganz bis zum Ende des Buches dabeibleiben. Und wer bin ich?

Nun, ich habe mich schon als Teenager für die Börse interessiert und mein Geld in angesagte und riskante Aktien gesteckt. Im Grunde habe ich in den späten 1990er Jahren als eine Art Momentum-Anleger angefangen, nachdem ich entdeckt hatte, dass manche Aktien in kurzer Zeit problemlos ihren Kurs verdoppeln konnten. Also durchsuchte ich die Zeitung nach Aktien, die auf ihrem 52-Wochen-Hoch gehandelt wurden und ».com« im Namen trugen. Bei meinem Versuch, ein reicher Anleger zu werden, entdeckte ich zudem die »Kunst« der technischen Analyse. Während der Wert meiner Positionen rapide zunahm, begann ich zu glauben, dass mein Weg zum Reichtum in der Beschäftigung mit Kurscharts liegen würde. Ich las Dutzende von Büchern über das Thema, machte einen Abschluss auf diesem Gebiet und betrieb sogar ein florierendes Geschäft als Autor und Online-Verleger von Aktien-Newslettern. Trotz dieses Erfolges aber wurde mir nach dem Ende meines Studiums klar, dass ich – mit Blick auf den tatsächlichen Wert meines Broker-Kontos – eigentlich besser darin war, Newsletter zu verkaufen, als darin, eine Momentum-Strategie selbst anzuwenden. Zugleich hatten meine Hasenjagd-Aktivitäten an der Börse negative Auswirkungen auf mein Wohlergehen als Anleger. Ich wurde ungeduldig, handelte viel und hatte stets Angst, dass ich eine Kursveränderung oder eine wichtige Nachricht verpassen könnte. Es wurde Zeit, es mit einem anderen Anlagestil zu versuchen.

Ich setzte meine Reise fort, indem ich die Biografien von erfolgreichen Anlegern las. Rasch entdeckte ich, dass die meisten von ihnen mit einer anderen Philosophie arbeiteten: Sie setzten auf Value-Aktien und konzentrierten sich auf deren Income. Bewaffnet mit dieser Information plünderte ich – schon wieder – die Regale von Online-Buchläden und wurde zertifizierter Analyst. Ein paar Jahre später fand ich mich als Fondsmanager wieder, der Bilanzen studierte und gleichzeitig ein Auge auf den Kursentwicklungen behielt. Die Grundsätze des Value-Investing zu übernehmen und zu beachten, wirkte sich positiv auf mein Anlageverhalten aus. Denn ich musste lernen, geduldig zu sein, wenn meine Investitionen funktionieren sollten.

Habe ich mich in diesen Zeiten für Risiko interessiert? Aber sicher! Genau wie jeder andere hasste ich es, investiertes Geld zu verlieren. Doch ich war auch der Meinung, dass Risiko für Erfolg in der Geldanlage unverzichtbar ist. Das hatte ich an der Universität gelernt und beobachtet, dass Risiko an verschiedenen Märkten belohnt wird. Einige Jahre später, als ich die Investitionen von Pensionsfonds und Versicherungen verwaltete, begegnete ich dem Konzept des risikoarmen Investierens. Mir wurde klar, wie Kunden von diesem risikobasierten Anlageansatz profitieren konnten. Trotz der attraktiven Ergebnisse dieses Ansatzes hatte ich nie zuvor persönlich erlebt, welche Auswirkungen die Arbeit mit einer risikoarmen Anlagestrategie auf mein Verhalten als Anleger haben würde. Angesichts meiner Erfahrung mit Momentum- und Value-orientierter Geldanlage war ich zudem ein wenig skeptisch, ob ich diesen Anlagestil zu meinem neuen »Heiligen Gral« erklären sollte.

Als ich vor ein paar Jahren zu Robeco kam, passten all diese Puzzleteile zusammen. Das Unternehmen wendete schon seit Jahren mit Erfolg wissenschaftliche Erkenntnisse über Momentum, Value und niedriges Risiko für seine Anlagestrategien an. Als ich zum Teil dieses Teams wurde, hatte ich mein eigenes »Eureka!«-Erlebnis: Ich sah nicht nur den akademischen, sondern auch den lebendigen Beweis dafür, wie effektiv diese Erkenntnisse sind, wenn sie in umsichtigen Anlagestrategien miteinander *kombiniert* werden. Mir wurde klar, dass meine Zweifel in Bezug auf die Frage, ob eine einzelne Anlagemethode (z.B. Momentum oder Income) die beste Lösung sein könne, absolut gerechtfertigt gewesen waren.

Denn es gibt nicht die eine beste Anlagemethode. Ja, es ist am besten, risikoreiche Aktien wenn möglich zu vermeiden, und auch Income- und Momentum-Strategien bringen gute Ergebnisse. Statt sich jedoch nur auf eines davon zu konzentrieren, werden Sie glücklicher (und wohlhabender!) sein, wenn sie eine breitere Perspektive behalten und Extreme vermeiden. Versuchen Sie, das Beste in jeder Strategie zu finden, und bringen Sie dann alles in einem kombinierten Ansatz zusammen. Aus diesem Grund bin ich so ein großer Fan der konservativen Aktienformel, die wir in Kapitel 9 beschrieben haben. Sie nimmt die besten Konzepte der risikoarmen Geldanlage und kombiniert sie mit Income- und Momentum-Aspekten zu einer einzigen, eleganten und erfolgreichen Formel.

Jedoch sind es nicht die Elemente der konservativen Aktien-Formel oder die finanziellen Ergebnisse, die sie bringt, die mir am meisten Freude bereiten. Es gibt etwas, das mir noch wichtiger ist: Wenn Sie damit anfangen, die Formel anzuwenden, werden Sie sich nicht nur der Paradoxe in Ihrem eigenen Alltag bewusst, sie haben auch die Chance, ein entspannterer Anleger zu werden. Wenn Sie erkannt haben, dass Sie nur mäßig viel Risiko in Ihrem Portfolio brauchen, und wenn Sie eine langfristige Perspektive behalten, werden Sie automatisch weniger dazu neigen, Aktienkurse nachzusehen, auf Eilnachrichten zu warten, viel zu handeln und so weiter. Die Formel hat einen ehemaligen Hasenjäger zu einem reiferen Anleger gemacht, der stetige Schildkröten zu schätzen weiß.

Kurz nach meinem eigenen »Eureka«-Erlebnis begann mir klar zu werden, dass dieses Anlageparadox vielen Anlegern in aller Welt nützen könnte, wenn sie davon wüssten. Ich wollte Anlegern wie Ihnen und mir selbst dabei helfen, sich des Anlageparadoxes bewusst zu werden, damit sie es auch für ihre Portfolios einsetzen können – sodass sie klüger investieren, stärker »schildkrötenartig«. Zum Glück für mich hatte Pim van Vliet dieselbe Vision. Weil er Erfahrung darin hatte, für ein akademisches Publikum zu schreiben, während ich schon viel für normale Anleger wie Sie und mich geschrieben hatte, beschlossen wir, unsere Kräfte zu vereinen.

Dieses Buch zu schreiben, hat sich als vergnügliche und befriedigende Reise erwiesen, voll mit den Weisheiten und Ideen, die

Pim mir unterwegs vermittelt hat. Zugleich war es eine sehr persönliche Erfahrung, denn wir mussten einander unsere schlimmsten Fehler bei der Geldanlage und intimsten Gefühle gestehen. Angesichts unserer unterschiedlichen Hintergründe haben wir uns gegenseitig auch häufig korrigiert. Pim fand, dass ich zu viele Witze und Ausrufezeichen verwendete, während ich hin und wieder auf »Löschen« drücken musste, um zu verhindern, dass wir Sie irgendwo mitten im Buch verlieren. Ich würde sagen, dass wir uns – ganz im Geist von Aristoteles – irgendwo in der Mitte getroffen haben. Zusammen hatten wir keinen Mangel an Material, das wahrscheinlich für drei Bücher gereicht hätte (!), sodass ein paar Kompromisse erforderlich waren.

Und ja, auch ich hoffe, dass dieses Buch Sie nicht nur zum Lächeln und zum Staunen gebracht hat, sondern dass es sich auch positiv auf den Wert Ihres Anlageportfolios auswirken wird. Nachdem ich Dutzende von Büchern über Geldanlage gelesen habe, kann ich jedoch ehrlich sagen, dass alte Weisheit, philosophische Ideen und Tugenden Ihnen eher dabei helfen werden, ein erfolgreicher Anleger zu sein, als irgendein neues Buch – dieses hier eingeschlossen. Schon wieder so ein Paradox!

Anhang: ParadoxInvesting.com

Nachdem Sie jetzt alles darüber erfahren haben, sind Sie hoffentlich bereit und in der Lage, diese umsichtige Anlagephilosophie in der Praxis umzusetzen. Wir sind Ihnen dankbar dafür, dass Sie sich die Zeit genommen haben, um sich die Geschichte über dieses bemerkenswerte Anlageparadox »anzuhören«. Allmählich kommen wir zum Ende dieses Buches. Doch die Geschichte der risikoarmen Geldanlage ist alles andere als beendet.

Denken Sie darüber nach: Obwohl die Belege für die Vorteile von risikoarmer Geldanlage bis ins Jahr 1873 zurückreichen, haben Anleger gerade erst begonnen, diese Philosophie für ihre Anlageportfolios einzusetzen. Risikoarmes Investieren steckt im Vergleich zu einem bewährten und weithin bekannten Anlagestil wie Value-Investing noch in den Kinderschuhen, und viele Anleger müssen erst noch ihre Augen dafür öffnen. Wir erwarten, dass eine zunehmende Zahl von Menschen sich des Paradoxes bewusst werden wird und dass darauf neue Erkenntnisse der Forschung und neue Anlageprodukte folgen werden. Und wir schließen nicht aus, dass auch wir selbst Ihnen irgendwann in Zukunft neue Ideen und Meinungen vorzustellen haben.

In der Zwischenzeit wird die Geschichte des Paradoxes auf www.paradoxinvesting.com weitergeschrieben. Auf dieser

Website finden Sie einen Überblick über unterschiedliche Online-Angebote mit Aktien- und ETF-Screenern. Auch die Datensammlung (in Excel), die wir in diesem Buch verwendet haben, steht dort zur Verfügung. Sie können sie herunterladen und versuchen, die Existenz des Anlageparadoxes selbst zu widerlegen. Bitte versuchen Sie es!

Danksagungen

Ich erinnere mich noch an den Tag, als Jan de Koning auf mich zukam und sagte, wir sollten ein Buch über risikoarme Geldanlage schreiben. Wir beide kannten viele populäre Börsenbücher, und noch keines davon hatte diesen speziellen Anlagestil einem breiteren Publikum vorgestellt. Also beschlossen wir, das gemeinsam zu tun, und den Weg zur Realisierung dieses Vorhabens, die ungefähr ein Jahr in Anspruch nahm, sind wir gemeinsam gegangen. Vielen Dank für deine Begleitung, Jan! Der nächste Schritt bestand darin, diese Geschichte auch in den deutschsprachigen Raum zu bringen. Zum Glück für uns gab es unseren Kollegen Dr. Bernhard Breloer, der dafür sorgte, dass wir das mit dem richtigen »Sprachverständnis« tun konnten. Vielen Dank, Bernhard!

Eine kleine Armee – etwa 40 Personen – haben zu diesem Buch beigetragen, indem sie uns unterstützt, das Manuskript bearbeitet oder uns nützliche Rückmeldungen gegeben haben. Als Erstes möchten wir Niek van Vliet, Kees de Koning, Aaldert Gooijer, Jaap-Jan van Ingen, Cateline Lima and Tim Oskam danken. Euer Feedback hat uns dabei geholfen, dafür zu sorgen, dass dieses Buch besser verständlich für ein breiteres Publikum wurde. Zweitens geht ein großer Dank an unsere Research-Kollegen Milan Vidojevic, Patrick Houweling, Matthias Hanauer, Weili Zhou, Wilma de Groot und Joop Huij. Sie haben wissenschaftliche Informationen beigesteuert, die unsere Argumentation unterfüttern und uns geholfen haben, empirische Belege zu nennen. Ein besonderer Dank gebührt David Blitz, meinem Co-Autor bei vielen wissenschaftlichen

Aufsätzen über dieses Thema – deine Rückmeldungen haben uns ermutigt, die Geschichte auch für Experten wie dich interessant zu machen. Drittens vielen Dank an unseren Marketing- und Sales-Kollegen Laurens Masereeuw, der dabei geholfen hat, die Geschichte so ansprechend wie möglich zu präsentieren. Viertens danken wir unserem Sales-Kollegen Kai Röhrl für seine Hilfe dabei, die Botschaft vom Anlageparadox auch in deutscher Sprache zu verkünden. Danke auch an die Kollegen Peter van Kleef, Margret Smits, John van der Moezel and Robin van der Poel, die uns auf der richtigen Spur gehalten haben. Fünftens möchten wir den Portfoliomanagern Jan-Sytze Mosselaar, Maarten Polfliet, Rob van Bommel und Arnoud Klep sowie den Kunden-Portfoliomanagern Tom Naaijkens und Frank Wirds danken. Ihr alle habt mit eurer Erfahrung darin, die Philosophie Conservative Equity Investment unseren Kunden zu erklären, dabei geholfen, dieses Buch zu strukturieren. Danke an euch alle für eure Zeit und eure hilfreichen Anregungen!

Vielen Dank auch an Peter Ferket, Hans Rademaker, Hester Borrie, Edwin Rietkerk und Arlette van Ditshuizen für die allgemeine Unterstützung bei diesem Projekt. Gerben de Zwart, Laurens Swinkels, Jasper Haak und Artino Janssen danken wir für euren frühen Glauben an das Paradox und die Unterstützung dabei, im Jahr 2005 einen Conservative Equity Fund auf den Markt zu bringen. Danke auch an Eric Falkenstein und Han Smit, die ihre Erfahrungen beim Schreiben und Veröffentlichen eines Buches mit uns geteilt haben. Petra Sagel, Marc van der Holst und Sarah Hammond möchten wir für ihre Hilfe beim Redigieren des Manuskripts danken. Ebenfalls vielen Dank an Georg Hodolitsch für Ihren Enthusiasmus und die Unterstützung durch den FinanzBuch Verlag! Der letzte Dank schließlich gilt Ron Offerman für die schönen Illustrationen, die unsere Erzählung auf eine sehr ansprechende Weise begleiten. Wir können nur hoffen, dass wir so gute Arbeit geleistet haben wie du.

Literaturverzeichnis

Altman, E. & Bana, G., (2004), Defaults and Returns on High-Yield Bonds, *Journal of Portfolio Management*, 30(2), 59–73.

Ang, A., Hodrick, R.J., Xing, Y. & Zhang, X., (2006), The Cross-Section of Volatility and Expected Returns, *Journal of Finance*, 61, Februar 2006, 259–299.

Annaert, J. & Mensah, L., (2014), Cross-sectional Predictability of Stock Returns, Evidence from the 19th Century Brussels Stock Exchange (1873–1914), *Explorations in Economic History*, 52, 22–43.

Aristotle, Nicomachean Ethics, übersetzt von J.A.K. Thomson, *Penguin Classics* 2003.

Baker, N. & Haugen, R.A., (2012), Low Risk Stocks Outperform within All Observable Markets of the World, *SSRN Working Paper Nr. 2055431*.

Barber, B.M., & Odean, T., (2001), Boys Will Be Boys: Gender, Overconfidence, and Common Stock Investment, *Quarterly Journal of Economics*, 261–292.

Basu, S., (1977), Investment Performance of Common Stocks in Relation to Their Price-Earnings Ratios: A Test of the Efficient Market Hypothesis, *Journal of Finance*, 32(3), 663–82.

Bernstein, P., (1998), Against the Gods: The Remarkable Story of Risk, *Wiley Publishers.*

Blitz, D. & Van Vliet, P., (2007), The Volatility Effect: Lower Risk without Lower Return, *Journal of Portfolio Management*, Ausgabe Herbst, 102–113.

Blitz, D., Pang, J. & Van Vliet, P., (2011), The Volatility Effect in Emerging Markets, *Emerging Markets Review*, 16, 31–45.

Blitz, D., Falkenstein, E. & Van Vliet, P., (2014), Explanations for the Volatility Effect: An Overview Based on the CAPM Assumptions, *Journal of Portfolio Management*, Frühjahr 2014, 61–76.

Blitz, D. & De Groot, W., (2014), Strategic Allocation to Commodity Factor Premiums, *Journal of Alternative Investments.*

Bunyan, J., (1678), The Pilgrim's Progress from this World to Which Has to Become, *Dover Publications* 2003.

Campbell, J., Hilscher, J. & Szilagyi, J., (2008), In Search of Distress Risk, *Journal of Finance*, 63(6), 2899–2939.

Cremers, M. & Pareek, A., (2016), Patient Capital Outperformance: The Investment Skill of High Active Share Managers Who Trade Infrequently, *zur Veröffentlichung vorgesehen in Journal of Financial Economics.*

Dimson, E., Marsh, P. & Staunton, M., (2002), Triumph of the Optimists: 101 Years of Global Investment Returns, *Princeton University Press.*

Dimson, E., Marsh, P., & Staunton, M., (2011), Equity Premiums around the World, *CFA Institute Research Foundation Publications*, 2011(4).

Doeswijk, R. & Van Vliet, P., (2011), Global Tactical Asset Allocation: A Quantitative Approach, *Journal of Portfolio Management*, 38(1), 29–47.

Falkenstein, E., (2009), Finding Alpha: The Search for Alpha when Risk and Return Break Down, *Wiley Publishers.*

Falkenstein, E., (2012), The Missing Risk Premium: Why Low Volatility Investing Works, *CreateSpace Independent Publishing Platform.*

Frazzini, A. & Pedersen, L.H., (2014), Betting against Beta, *Journal of Financial Economics*, 111(1), 1–25.

French, K., (2008), The Cost of Active Investing, *Journal of Finance*, 63, 1537–1573.

Fama, E.F. & French, K.R., (1996), The CAPM is Wanted, Dead or Alive, *The Journal of Finance*, 51(5), 1947–1958.

Gelderen, E. & Huij, J., (2014), Academic Knowledge Dissemination in the Mutual Fund Industry: Can Mutual Funds Successfully Adopt Factor Investing Strategies?, *Journal of Portfolio Management*, 40(4), 157–167.

Goetzmann, W. & Huang, S., (2015), Momentum in Imperial Russia, *SSRN Working Paper Nr. 2663482.*

Haugen, R., (2001), The Inefficient Stock Market: What Pays Off and Why, *Pearson.*

Houweling, P. & van Zundert, J., (2015), Factor Investing in the Corporate Bond Market, *SSRN Working Paper Nr. 2516322.*

Jegadeesh, N. & Titman, S., (1993), Returns to Buying Winners and Selling Losers: Implications for Stock Market Efficiency, *Journal of Finance*, 48(1), 65–91.

Kahneman, D., (2011), Thinking, Fast and Slow, *Farrar, Straus and Giroux Publishers.*

Karceski, J., (2002), Returns-Chasing Behavior, Mutual Funds, and Beta's Death, *Journal of Financial and Quantitative Analysis,* 37(4).

Kumar, A., (2009), Who Gambles in the Stock Market?, *Journal of Finance,* 64(4), 1889–1933.

Lynch, P., (2000), One Up On Wall Street: How to Use what You already Know to Make Money in the Market, *Simon & Schuster.*

Markowitz, H., (1952), Portfolio Selection, *Journal of Finance,* 7(1), 77–91.

Montier, J., (2010), The Little Book of Behavioral Investing: How not to Be Your Own Worst Enemy, *Wiley Publishing.*

Ni, S., (2008), Stock Options Returns: A Puzzle, *SSRN Working Paper Nr. 959024.*

Penman, S., Richardson, S. & Tuna, I., (2007), The Book-to-Price Effect in Stock Returns: Accounting for Leverage, *Journal of Accounting Research,* 45(2), 427–467.

Phalippou, L. & Gottschalg, O., (2009), The Performance of Private Equity Funds, *Review of Financial Studies,* 22(4), 1747–1776.

Sedlacedk, T., (2013), Economics of Good and Evil: The Quest for Economic Meaning from Gilgamesh to Wall Street, *Oxford University Press.*

Snowberg, E. & Wolfers, J., (2010), Explaining the Favorite Longshot Bias: Is It Risk-Love or Misperceptions?, *National Bureau of Economic Research,* Working Paper Nr. 15923.

Smith, A., (1759), The Theory of Moral Sentiments, *Penguin Publishers* 2010.

Svenson, O., (1981), Are We All Less Risky and More Skillful Than Our Fellow Drivers?, *Acta Psychologica,* 47(2), 143–148.

Taleb, N., (2007), The Black Swan: The Impact of the Highly Improbable, *Random House Publishers.*

Van Vliet, P., (2004), Downside Risk and Empirical Asset Pricing, Doktorarbeit, Erasmus University Rotterdam.

PIM VAN VLIET

Pim van Vliet ist Gründer und Portfolio-Manager der milliardenschweren Fonds von Robeco. Er ist zugleich Gastdozent an verschiedenen Universitäten und Verfasser einer Vielzahl finanzwissenschaftlicher Publikationen.

JAN DE KONING

Jan de Koning ist als Client-Portfolio-Manager bei Robeco tätig. Er leitet Kunden- und Berater-Gespräche, spricht auf Konferenzen und gibt Seminare zu Themen wie die systematische Auswahl von risikoarmen Aktien.

Mehr als Geld und Gier

André Kostolany

2016 hätte er seinen 110. Geburtstag gefeiert – André Kostolany, Anlegerlegende, Börsenguru, Intellektueller und witziger Kolumnist. Mit *Mehr als Geld und Gier* erscheint Kostolanys persönliches Notizbuch zum ersten Mal als Taschenbuch. Die Entstehungsgeschichte der Sammlung von Weisheiten, Gedanken und Regeln des Altmeisters ist so bunt wie spannend. Wann immer Kostolany Zeit zum Nachdenken hatte, machte er sich Notizen auf Zetteln, Rechnungen, Fahrkarten oder was ihm sonst gerade zur Verfügung stand. Hier hat er seine Notizen gesammelt und thematisch geordnet, sodass ein einzigartiger Erfahrungsschatz zugänglich geworden ist. Ein Muss für alle Anleger, die sich ernsthaft mit dem Börsenhandel auseinandersetzen wollen.

192 Seiten | Broschur | 14,99 € (D) | ISBN 978-3-89879-995-9

Charlie Munger

Tren Griffin

Charlie Munger ist visionärer Vizepräsident von Berkshire Hathaway, einem der 20 größten Unternehmen der USA. Doch noch mehr ist er Warren Buffetts unersetzlicher Geschäftspartner, der über Jahrzehnte besser abgeschnitten hat als der Markt. Munger ist davon überzeugt, dass Sie als Investor dasselbe schaffen können. Seine Lebenserfahrung – ein Bündel interdisziplinärer Denkmodelle aus Wirtschaft, Psychologie und Philosophie – ermöglicht es ihm, Emotionen und Investitionen strikt zu trennen und so die üblichen Fallstricke beim Investieren zu meiden. Das können auch Sie. Tren Griffins Buch präsentiert erstmals Mungers Investmentstrategien, von denen Generationen erfolgreicher Investoren profitiert haben. Doch geht es Munger und Griffin nicht ausschließlich um Investmentstrategien, sondern auch darum, genau die Denkstrukturen zu vermitteln, aus denen Sie als Leser sowohl für Ihre Investitionen als auch Ihr Leben praktischen Nutzen ziehen können. Das erste Buch über Charlie Mungers einzigartige Investmentstrategien auf Deutsch.

256 Seiten | Hardcover | 24,99 € (D) | ISBN 978-3-89879-958-4

Warren Buffetts fundamentale Investment-Geheimnisse

Jeremy Miller

Die Essenz der Partnership Letters – erstmals von Warren Buffett exklusiv autorisiert. Mit gerade einmal 26 Jahren und 100 US-Dollar gründete Warren Buffett 1956 seine erste eigene Firma, Buffett Partnership, bevor er 14 Jahre später mit Berkshire Hathaway zum erfolgreichsten Investor aller Zeiten wurde. Wenigen ist bekannt, dass er mit seinem ersten Unternehmen noch erfolgreicher war als später mit Berkshire Hathaway. Bis 1969 erzielte er eine durchschnittliche Rendite von fast 30 Prozent im Jahr. Zum ersten Mal erscheinen mit diesem Buch die gesammelten, kommentierten und von Warren Buffett exklusiv autorisierten Briefe, die er seinen Anteilseignern bei Buffett Partnership zwischen 1956 und 1970 schrieb, um seine Investmentstrategie darzulegen. 14 Jahre, zwischen seiner Zeit mit Benjamin Graham in New York und dem Beginn der Berkshire-Hathaway-Erfolgsgeschichte, in denen Buffett den Grundstein für seinen bisher unerreichten Erfolg legte. Die »Ground Rules« oder Grundprinzipien, die er in seinen Briefen darlegte, sind für jeden Investor gleichermaßen wichtig, egal ob Anfänger oder Profi. Ein einmaliger Blick in die erfolgreichen Strategien des größten Investors der Welt – die Essenz der Partnership Letters.

368 Seiten | Hardcover | 34,99 € (D) | ISBN 978-3-89879-932-4

Die große Value-Investing-Box

Benjamin Graham

Benjamin Grahams Klassiker *Intelligent Investieren* zeigt, dass seine Strategien und Prinzipien bis heute gültig sind, denn sie finden bis in unsere Zeit hinein täglich erfolgreich Anwendung. Im Buch werden sowohl konservative als auch spekulative Anleger berücksichtigt und für beide Gruppen angemessene Strategien zur Aktienauswahl vorgestellt.

Der Investment-Klassiker erscheint erstmals als broschierte Version in einer edlen und limitierten Metallbox die zusätzlich eine exklusive Tasse, eine Postkarte und ein Poster enthält. Zudem liegt ein weiteres exklusives Buch bei, in dem die wichtigsten europäischen Value Manager über Ihre Erfahrungen mit Benjamin Grahams zeitlosen Investmentstrategien berichten.

640 Seiten | Paket | 59,99 € (D) | ISBN 978-3-89879-976-8

Intelligent Investieren

Benjamin Graham

Seit Erscheinen der Erstausgabe 1949 ist Benjamin Grahams Buch der meistgeschätzte Wegweiser, wenn es um Investments geht. Der Grund dafür ist seine zeitlose Philosophie der Anlage in Wachstumswerte, die Anlegern dabei hilft, mögliche Stolpersteine zu erkennen und langfristige Erfolgsstrategien zu entwickeln, mit denen sie wirklich Gewinne machen. Benjamin Grahams Klassiker, der seit über 60 Jahren gültig ist, basiert auf grundlegenden Erkenntnissen und der Markterfahrung vieler Jahre. In diesem Buch werden sowohl der konservative als auch der spekulative Anleger berücksichtigt, wobei für beide Gruppen angemessene Strategien zur Aktienauswahl vorgestellt werden, die auf dem Prinzip einer intelligenten Depotstruktur beruhen. Jedes Kapitel dieser neu aufgelegten Fassung wird durch aktuelle Kommentare von Jason Zweig ergänzt und erweitert. Eine Vielzahl an Fußnoten erklärt und veranschaulicht den noch heute gültigen Text.

640 Seiten | Hardcover | 39,99 € (D) | ISBN 978-3-89879-827-3

Des klugen Investors Handbuch

Dr. Markus Elsässer

Die meisten Geldanleger und Sparer stehen im Regen. Den richtigen Umgang mit Geld und Kapital lehren weder Schulen noch Universitäten. Aus dem Bankensystem heißt es »Nein, das kannst du nicht, dazu brauchst du uns!«. Eine Lüge, weiß Dr. Markus Elsässer. Er ist seit über 40 Jahren erfolgreich an der Börse unterwegs, hat auf drei Kontinenten gelebt und mit Exnationalspieler Simon Rolfes zusammen eine Firma aufgebaut. Auf amüsante Weise lernt der Leser, mit welchen Familien-Großaktionären man sich ins Bett legen darf, was nicht in der Bilanz steht (aber dafür umso wichtiger ist) und warum man sich vor Gorillas auf dem Börsenparkett in Acht nehmen sollte. *Des klugen Investors Handbuch* unterstützt dabei, ein erfolgreicher Investor zu werden — unabhängig von Alter, Ausbildung und Beruf.

176 Seiten | Hardcover | 14,99 € (D) | ISBN 978-3-89879-996-6